Mark Eddy Smith

Tolkiens ganz gewöhnliche Helden

Tugenden und Werte in „Der Herr der Ringe"

Mark Eddy Smith

Tolkiens ganz gewöhnliche Helden

Tugenden und Werte in „Der Herr der Ringe"

Schulte & Gerth

Titel der Originalausgabe:
Tolkien's Ordinary Virtues

© 2002 by Mark Eddy Smith
Published by InterVarsity Press,
P.O. Box 1400, Downers Grove, IL 60515-1426

© 2002 der deutschen Ausgabe
by Gerth Medien GmbH, Asslar
2. Auflage 2003

ISBN 3-89437-791-7

Die Bibelstellen wurden der „Gute Nachricht Bibel" entnommen.
Auf der Grundlage der neuen Rechtschreibung.

Umschlaggestaltung: Hanni Plato
Satz: Typostudio Rücker
Druck und Verarbeitung: Ebner & Spiegel, Ulm

In liebender Erinnerung
an meine Großtante
Marion Edith Smith,
die mir 1978 meine erste Ausgabe
von „Der Herr der Ringe"
zum Geburtstag schenkte

Inhalt

Teil 5: Der gute Kampf

Teil 6: Der Weg führt immer weiter ...

Dank

Ich möchte folgenden Menschen für ihre unschätzbare Hilfe danken:

Cindy, die weise genug war, den Vorschlag zu diesem Projekt zu machen – und dumm genug, mir die Sache anzuvertrauen: Du bist eine tolle Lektorin! Ruth, dafür, dass sie nicht nur auf unseren Planeten aufpasst, sondern auch auf unsere Freundschaft und mein Buch. Meinen Eltern für ihre Liebe und ihren Glauben. Beth und Charlie für das Feiern. Cheryl für die Ermutigung, als ich sie am dringendsten brauchte. Anne für ihre Gerechtigkeit und Gnade in Bezug auf die Einhaltung des Zeitplans. Andy für neue Perspektiven. Randy für seine Vertrauenswürdigkeit als Überprüfer. Eirik für seine Weisheit, als meine versagte. Margaret für ihre nie versiegende Hoffnung. Bobbie und Joe für ihre Großzügigkeit. Andrew und Sally für ihre Gastfreundschaft. Staci und Andrew: Vergebt mir, dass ich nicht auf 247 Seiten gekommen bin. Vater, Sohn und Heiligem Geist für die Erfindung aller Tugenden. Und natürlich J. R. R. Tolkien für sein Lebenswerk Mittelerde.

Trotz der Bemühungen dieser wunderbaren Leute ist dieses Buch unfertig und unvollkommen und dafür übernehme ich die volle Verantwortung.

Einleitung

„Der Herr der Ringe"!

Frodo Beutlin sagt in Elronds Rat: „Ich werde den Ring nehmen, obwohl ich den Weg nicht weiß."

Gandalf der Graue stürzt in den Abgrund und ruft: „Flieht, ihr Narren!"

Sam Gamdschie, ein Gärtner aus dem Auenland, verwandelt sich in eine Kreatur aus Stein und Stahl, der weder Müdigkeit noch Verzweiflung noch endlose Meilen etwas anhaben können.

Die bloße Erinnerung an diese Sätze treibt mir beinahe die Tränen in die Augen. Seit ich 11 Jahre alt war, habe ich dieses Buch ungefähr einmal pro Jahr gelesen. Immer wieder habe ich es aus dem Regal geholt und bin nach Mittelerde zurückgekehrt, habe seine Wunder aufgesogen und wie ein Baum aus dem Erdreich Kraft daraus geschöpft. Ich werde dieser Geschichte niemals überdrüssig. Und je älter ich werde und je mehr ich über mich erfahre, desto klarer wird mir, dass viele meiner Ansichten über Gut und Böse, Richtig und Falsch in dieser Welt auf dem fruchtbaren Boden des Auenlands und in dem hohen Turm von Minas Tirith entstanden sind.

Mittelerde zu besuchen ist für mich wie eine Heimkehr, und ihr Segen ist umso stärker, je mehr ich mich der wirklichen Welt entfremdet fühle. Einige meiner ältesten Freunde leben dort, und ich lerne immer wieder Neues über sie, wenn wir uns wieder begegnen. Manche, wie Sam, sind einfach und leicht zugänglich, und doch sind ihre Taten Ehrfurcht gebietend. Andere, wie Tom Bombadil oder Baumbart, werden immer geheimnisvoller und schwerer zu fassen, je öfter man sich mit ihnen beschäftigt. Mittelerde ist eine reiche, detailverliebte Welt, ein erstaunlicher Beweis für die kreative Vorstellungskraft, mit der unser Schöpfer uns nach seinem Bilde ausgestattet hat. Tolkien hat eine tiefe Freude daran, jede Blume, jeden Busch, jede Flussbiegung und jede Wegstrecke genau zu beschreiben. Sein Vergnügen an dieser Welt ist so ansteckend, dass ich mich oft, wenn ich durch eine der wenigen noch übrigen Stellen mit so genannter „unverfälschter" Natur in dieser unserer Welt streife, unweigerlich ans Auenland oder an Lothlórien erinnert fühle – so als ob ich tatsächlich schon dort gewesen sei und nun zurückkehrte.

In Mittelerde habe ich ein Übungsfeld entdeckt, einen Ort, an dem ich mir Tugenden wie Weisheit, Freundlichkeit, Gnade und Liebe aneignen kann, an denen es bei mir noch fehlt. Nachdem ich „Der Herr der Ringe" zum ersten Mal gelesen hatte, saß ich in der Sonntagsschule, wo wir eine Passage aus dem Alten Testament vorgelesen bekamen. Ich stellte fest, dass es ganz ähnlich klang wie Tolkien. Meine Sonntagsschullehrerin korrigierte mich sanft: „Nein, Mark, es ist andersherum – Tolkien klingt ganz ähnlich wie die Bibel!"

Dies ist kein Zufall. Tolkien war von frühester Kindheit an ein gläubiger Katholik. Er glaubte daran, dass seine Geschichte über Mittelerde auf einer bestimmten Ebene in ihrem Wesen wahr war, dass er sie im Grunde nicht so sehr erfand, sondern vielmehr *entdeckte*. Ich möchte damit nicht andeuten, dass er auf eine Art und Weise inspiriert war, die der Eingebung der Verfasser der biblischen Bücher auch nur annähernd gleichkommt, aber ich glaube tatsächlich, dass Gott beim Verfassen von „Der Herr der Ringe" seine Hand mit im Spiel hatte. Er wirkte durch die Umstände in Tolkiens Leben, sprach durch seine Intuition zu ihm und rüstete ihn mit der Weisheit aus, die er brauchte, um die niemals endende Geschichte namens Schöpfung zu begreifen.

C. S. Lewis schrieb einer nächtlichen Unterhaltung

mit Tolkien und einem weiteren Freund seine Konvertierung von einem „wachsamen Theismus" hin zu einem enthusiastischen Christsein zu. Die große Einsicht, die er diesen beiden Männern verdankte, war die Tatsache, dass Mythen nicht *per definitionem* Lügen sein müssen. Die Geschichte von Jesus ist ein solcher „wahrer Mythos, ein Mythos, der genauso auf uns wirkt wie die anderen, der aber tatsächlich geschehen ist". Tolkiens Argument sah in etwa so aus:

> „Wir kommen von Gott, und unausweichlich werden die von uns gesponnenen Mythen, obwohl sie auch Irrtümer enthalten, doch zersplitterte Fragmente des wahren Lichts in sich tragen, der ewigen Wahrheit, die bei Gott ist. Tatsächlich kann der Mensch sich nur dann dem Zustand der Vollkommenheit wieder annähern, den er vor dem Sündenfall kannte, indem er Mythen schafft, ein ‚kleiner Schöpfer' wird. Unsere Mythen mögen fehlgeleitet sein, doch sie steuern, wenn auch wacklig, auf den wahren Ankerplatz zu."
> (rekonstruiert von Humphrey Carpenter in J. R. R. Tolkien, S. 151)

Tolkien predigt niemals. Er erzählt eine Geschichte. Er lässt den Charakteren die Freiheit, ein Eigenleben zu entwickeln und ihre eigenen Entscheidungen zu treffen. Er hasste Allegorien jeder Art, unterschied aber klar zwischen Allegorischem und Anwendbarem. In einem Vorwort zu „Der Herr der Ringe" schreibt er: „Das eine liegt in der Freiheit des Lesers begründet, das andere in der absichtlichen Dominierung durch den Autor."

Hier ist also mein demütiger Versuch, einige der anwendbaren Prinzipien von „Der Herr der Ringe" zu untersuchen. Mittelerde ist so realistisch, so selbstverständlich

– und gleichzeitig so weit weg von dem, was wir gemeinhin die „wirkliche Welt" nennen, dass wir vielleicht leichter und lieber etwas von Mittelerde lernen als durch das Studium unserer eigenen Geschichte mit all ihren Fakten. Zusammen mit dem „Silmarillion", das die Kosmologie, Mythologie und Vorgeschichte des Ringkrieges erzählt, entfaltet sich vor uns die ganze Historie von Mittelerde. Auch in den großen Zügen kopiert Tolkiens Werk die Bibel. Es will sie nicht ersetzen, sondern vielmehr unterstützen, damit wir dieselbe essenzielle und ewige Wahrheit aus einer anderen Perspektive sehen können.

Teil 1

Gewöhnliche Tugenden

Erstes Buch:
Die Gefährten

Kapitel 1

Einfachheit

Hobbits sind eher bodenständige Leute mit wenig Sinn für Maschinen und die höheren Dinge des Lebens. Sie essen gern (viel und oft!) und sie schätzen Vorhersagbarkeit weit mehr als Originalität. Abenteuer aller Art sind ihnen zuwider; sie sehen sie als „ärgerlicher, störender, unbehaglicher Zeitvertreib. So etwas verspätet nur die Mahlzeiten" („Der kleine Hobbit", S. 11). Hobbits sind wirklich unwahrscheinliche Helden!

Dennoch wählte niemand Geringeres als Gandalf der Graue, ein bekannter Zauberer, einen Hobbit aus, Mister Bilbo Beutlin, damit dieser als Meisterdieb eine Gruppe Zwerge bei der Zurückeroberung ihres Schatzes half. Gandalfs Wahl schien den Zwergen der Gipfel an Dummheit zu sein, doch am Ende erlebten sie, dass Cleverness, Einfallsreichtum und Führungsqualitäten manchmal an den unwahrscheinlichsten Orten zu finden sind. Tatsächlich wäre ihr Abenteuer ohne die Hilfe ihres schmerbäuchigen Meisterdiebs mit an Sicherheit grenzender Wahrscheinlichkeit nicht erfolgreich verlaufen.

Gandalf hatte allem Anschein nach eine Vorstellung von Bilbos Potenzial, doch vermutlich hatte auch er keine Ahnung, welche Konsequenzen seine Wahl mit sich bringen würde. Dass Bilbo den Einen Ring finden würde, der seit Generationen verloren war; dass er eine wichtige Rolle im größten Konflikt des Dritten Zeitalters von Mittelerde spielen würde – das hätte sich wohl selbst Gandalf nicht träumen lassen und es wurde auch in keiner der alten Prophezeiungen erwähnt. Was zunächst nur wie eine amüsante Fußnote in den Annalen der Geschichte aussah, wurde die Saat von etwas, das den Turm von Barad-dûr erschüttern würde, die alte Festung des Dunklen Herrschers Sauron.

Nichts in der langen, ereignislosen Geschichte des Auenlandes hatte darauf hingedeutet, dass einer seiner Einwohner einstmals mit solcher Macht zu tun haben würde. Jahrtausende des Friedens hatten die Hobbits weich gemacht. Dennoch hatten sie die Kraft nicht verloren, mit der sie geschaffen worden waren. „Im Herzen auch des fettesten und furchtsamsten Hobbits liegt ein Saatkorn des Muts verborgen (allerdings oft tief) und wartet auf eine entscheidende und ausweglose Gefahr, die es wachsen lässt" (I, 177).

Es liegt in der Natur von Samen, so lange zu ruhen, bis sie gebraucht werden. Wenn sie dann einmal gekeimt haben, brauchen sie Zeit und sorgfältige Pflege, damit sie wachsen können. Einfache Leute können schrecklich kurzsichtig und provinzlerisch sein, aber der Preis für wachsende Weisheit und eine Erweiterung der eigenen Sichtweisen sind oft Schwierigkeiten. Wie Frodo beim Gedanken an seine Abreise sagt:

> „Ich würde das Auenland gern retten, wenn ich kann – obwohl es Zeiten gegeben hat, da mir seine Bewohner unsagbar dumm und langweilig vorkamen und ich dachte, ein Erdbeben oder ein Drachenüberfall könnten gut für sie sein.
> Aber jetzt denke ich nicht so. Ich denke, daß ich, solange das Auenland unversehrt und wohlbehalten hinter mir liegt, das Wandern erträglicher finden werde; ich werde dann wissen, daß es einen sicheren Zufluchtsort gibt, selbst wenn ich dort nicht wieder Zuflucht suchen kann"
> (I, 85–86).

Ein Beispiel für die nervtötende Einfachheit im Denken der Hobbits zeigt sich bei der Geburtstagsparty, mit der die Geschichte eröffnet wird. All die Stolzfußens, Straffgürtels, Hornbläsers und anderen Hobbitclans kommen zusammen – jedoch nicht so sehr, um Bilbo zu ehren, sondern vielmehr um die Gelegenheit zu einem kostenlosen Festmahl nicht ungenutzt verstreichen zu lassen, das spektakuläre Feuerwerk zu genießen und dafür sogar die unausweichliche Geburtstagsrede über sich ergehen zu lassen. Sie haben nicht das geringste Verständnis für die Rolle, die Bilbo beim Sieg über den Drachen und beim Friedensschluss zwischen Zwergen, Waldelben und Menschen gespielt hat. Nur wenige Bewohner des Auenlands glauben überhaupt an seine Geschichten; bestenfalls hält man ihn für exzentrisch und schlimmstenfalls für völlig verrückt. Es ist schwer, mit einem solchen Volk Geduld zu haben!

Stärke entsteht nicht aus Widrigkeiten, doch sie wird von ihnen geweckt. Die Hobbits werden an vielen Fronten von aufgeklärteren Völkern verteidigt, die nicht glauben, dass Einfachheit ein Zeichen von Schwäche ist. Wie Aragorn in Elronds Rat sagt: „Wenn einfältige Leute frei sind von Sorgen und Furcht, werden sie immer einfältig sein, und wir müssen im Geheimen wirken, damit sie es bleiben" (I, 302). Doch dieser Schutz schließt nicht die Möglichkeit aus, dass die heroischsten Taten von eben diesem einfachen Volk vollbracht oder zumindest versucht werden, das so behütet wird.

Im Laufe der Geschichte bekommen die Hobbits auch ihren Teil an Schwierigkeiten, und sie haben die Gelegenheit herauszufinden, aus welchem Stoff sie gemacht sind, denn Weisheit und Sichtweisen sind wichtiger als Sicherheit. Doch dazu später mehr. In der Zwischenzeit müssen sie vor Feinden beschützt werden, die ihr „Herz erstarren lassen" (I, 302) – zumindest so lange, bis sie mit einer Art von Desaster konfrontiert werden, das eher ihrer Kragenweite entspricht. Man kann nur hoffen, dass sie auch nach dieser Herausforderung einfache Leute bleiben werden, nur etwas weiser und leidenschaftlicher. Tatsächlich verlassen sich die drei Begleiter Frodos in ihren dunkelsten Stunden oft auf ihren gesunden Hobbitverstand und finden heraus, dass dieser genügt.

Oft ist an unserem einfachsten Freund mehr dran, als man denkt. Selbst Frodo ist von Sams poetischer Reaktion auf ihre erste Begegnung mit den Elben überrascht:

> „‚Sie sind ganz anders, als ich erwartet hatte – so alt und jung, und so fröhlich und traurig gewissermaßen.' Frodo sah Sam ziemlich verblüfft an, als ob er halb und halb erwartete, ein äußerliches Anzeichen der seltsamen Veränderung zu sehen, die offenbar mit Sam vorgegangen war. Es klang nicht wie die Stimme des alten Sam Gamdschie, die er zu kennen glaubte. Aber er sah wie der alte Sam Gamdschie aus, wie er da saß" (I, 114).

Wir verfallen nur allzu leicht in Beziehungsmuster, in denen alle Reaktionen vorhersehbar sind, weil wir selbst nichts Neues mehr sagen. Oft müssen wir Freunde erst in einem ganz anderen Kontext erleben, zum Beispiel in Gesellschaft von Fremden, damit uns die Augen aufgehen und wir bei ihnen unerwartete Charaktertiefen entdecken.

Wenn Einfachheit eine Tugend ist, dann wird unser Leben schon allein dadurch wertvoll, dass wir einfach leben und die einfachen Freuden zu schätzen wissen. Wir müssen uns nicht schuldig fühlen und glauben, wir müssten mehr für Gottes Reich vollbringen, denn wenn er uns braucht, wird er uns rufen. Und bis dahin können wir unsere Kräfte speichern, Wurzeln schlagen und das genießen, was uns gegeben wurde. Das bedeutet nicht, dass wir nicht an uns arbeiten oder anderen nicht dienen sollten; doch das, was wir jetzt tun können, ist so lange genug, bis wir unsere eigentliche Berufung erhalten.

Wenn Gott uns beruft, dann könnte uns eine gefährliche und beängstigende Reise erwarten. Vielleicht besteht die Möglichkeit, dass wir nicht zurückkommen; vielleicht bedeutet „Gefahr" in unserem Fall auch „nur" ein klärendes Gespräch mit einem Vorgesetzten. Auch die Einfachsten von uns sind nicht vor diesen Dingen gefeit. Andererseits könnte es auch unsere Berufung sein, einfach zufrieden in dem Kreis zu leben, in den wir hineingeboren wurden. Man sollte das nicht abwerten.

Die Geschichte von Frodo und seinen Freunden kann uns die Hoffnung schenken, dass wir die Kraft und die Unterstützung bekommen werden, die wir brauchen, um die Aufgabe zu lösen, vor die wir gestellt werden.

Kapitel 2

Großzügigkeit

„Der Herr der Ringe" beginnt, wie gesagt, mit einer Geburtstagsparty. Obwohl die Reise von Frodo und seinen Freunden erst 12 Jahre später losgeht, ist dieses Fest der eigentliche Beginn. Geburtstage und Geburtstagsgeschenke spielen eine seltsam bedeutungsvolle Rolle in der Geschichte des Ringes. Gollum, der den Ring viele Jahre lang besessen hatte, bevor Bilbo über ihn stolperte, beharrte darauf, dass der Ring ein Geburtstagsgeschenk von seiner Großmutter gewesen sei, die „eine Menge herrlicher Dinge dieser Art" besessen habe (I, 78). Tatsächlich war es sein Geburtstag gewesen, als sein Freund Déagol den Ring im Fluss gefunden hatte. Gollum, der damals noch Sméagol hieß, erwürgte seinen Freund, um in den Besitz des Rings zu kommen.

Bilbo erzählte allen – mit Ausnahme von einigen wenigen Freunden –, dass er den Ring in einem Rätselwettbewerb mit Gollum gewonnen habe. Den Rätselwettstreit hatte es tatsächlich gegeben, doch Bilbo hatte den Ring im Dunkeln gefunden, *bevor* er auf Gollum getroffen war. Mit der Behauptung, ihn gewonnen zu haben, wollte Bilbo sein Gewissen von der Tatsache befreien, dass er Gollum den Ring gestohlen hatte – was aus Gollums Sicht eindeutig der Fall war. Keiner der bisherigen Besitzer in der Geschichte des Ringes hatte diesen jemals freiwillig an einen anderen abgegeben.

Nun, eine interessante Umkehrung findet sich in einer Tradition der Hobbits bei Geburtstagsfeiern. Statt dass die Gäste das Geburtstagskind beschenken, erhalten alle Gäste ein Geschenk vom Geburtstagskind. Viele dieser

Geschenke sind freilich eine Art „Wanderpokal", die nach und nach durch das ganze Auenland weitergereicht werden. Dennoch bahnt dieser umgekehrte Brauch den Weg für eine einzigartige Transaktion, die den zerstörerischen Kreislauf des Rings aufzubrechen beginnt.

In Vorbereitung auf seine Abreise aus dem Auenland verschenkt Bilbo den größten Teil seiner Habe. Er war immer großzügig mit seinem Geld und hat viele Freunde und Bewunderer unter den armen und weniger bedeutenden Familien. Bei dieser Gelegenheit lädt er nun alle Nachbarn und Verwandten ein und macht außergewöhnlich großzügige Geschenke, die weit über das Gesetz der Höflichkeit hinausgehen. Viele Mitglieder der Dorfgemeinschaft erhalten Haushaltsgegenstände, oft mit kleinen Zetteln mit Witzen oder gemeinen Anspielungen. Das meiste bekommen aber wirklich bedürftige Hobbits. Zum Teil dient dieser Akt der Großzügigkeit natürlich dem Zweck, Bilbos Aufbruch möglichst unbeschwert zu gestalten, doch vor allem stellt es eine Vorbereitung dar … einen Auftakt zu dem Vorhaben, das Eine wegzugeben, von dem er sich nicht trennen kann: den Ring.

Am Ende hilft ihm das Verteilen der Geschenke nicht wirklich, aber mit Gandalfs Unterstützung gelingt es Bilbo dann dennoch, den Ring an Frodo weiterzugeben und ihn damit ein für alle Mal los zu sein. Mit diesem Akt durchbricht er nicht nur den Kreislauf von Mord und Lügen, der den Ring bisher umgeben hat, sondern er setzt auch ein Vorzeichen, das schließlich die Zerstörung des Ringes ermöglichen wird. Und auf einer persönlicheren Ebene erlaubt die Tat ihm, sein geliebtes Auenland nicht nur unbelastet, sondern wirklich befreit hinter sich zu lassen.

Frodo nimmt den Ring aus freien Stücken an, und obwohl dieser später einen ebenso großen Raum in seinen Gedanken einnimmt, wie es auch bei Bilbo der Fall war, muss er sich im Gegensatz zu diesem in Bezug auf die Art und Weise, wie er in den Besitz des Rings gekommen ist, nicht mit Schuldgefühlen herumplagen. Am Ende wird ihm das zwar ebenso wenig dabei helfen, den Ring loszulassen, wie Bilbos Geschenkerausch diesem half ... aber ohne diese anfängliche Unschuld und Freiheit wäre Frodo wohl nicht sehr weit gekommen. Ein schlechtes Gewissen nagt an der Seele, so wie der Mord an seinem Freund Sméagol langsam in Gollum verwandelt. Es regen sich Zweifel, ob man überhaupt noch zu einer richtigen oder reinen Handlung fähig ist, und die Verzweiflung klopft immer lauter an die Tür. Die Freiheit von solchen Gefühlen ist das Geschenk, das Bilbo seinem Erben Frodo macht, während er ihn gleichzeitig mit einer beinahe unerträglichen Bürde belädt.

Beim Thema Großzügigkeit geht es jedoch nicht nur um das Weggeben von weltlichen Besitztümern. Auch diejenigen, die in materieller Hinsicht wenig haben, können im Hinblick auf Freundlichkeit und Austausch mit anderen großzügig sein. Der alte Ham Gamdschie, Sams Vater, verkündet im „Efeubusch" jedem, der es hören (oder nicht hören) will: „Ein sehr liebenswürdiger und feiner Edelhobbit ist Herr Bilbo, wie ich schon immer gesagt habe!" (I, 36). Als die Geschichte von dem Bootsunfall auf den Tisch kommt, bei dem Frodos Eltern ums Leben kamen, reagiert er auf die sofort aufkochenden Gerüchte mit den Worten: „Es gibt keinen Grund nicht, vom Reinstoßen und Mitziehen zu sprechen. Boote sind schon heimtückisch genug, auch wenn man stillsitzt, da braucht man nicht noch weiter nach einer Ursache für das Unglück zu suchen" (I, 37). Eine solche Form der Großzügigkeit ist eine wahre Wunderwaffe gegen die Gerüchteküche und darüber hinaus ein Zeichen für einen vertrauenswürdigen Charakter.

Andererseits ist nicht zwangsläufig der Einfluss eines bösen Rings vonnöten, um Tugenden zu verzerren. Die grässlichen Sackheim-Beutlins – Cousins von Bilbo und eigentlich seine Erben, bevor er Frodo adoptierte – sind der unerschütterlichen Meinung, dass Beutelsend ihnen zustehe, obwohl sie keinerlei Anteil an seiner Erbauung hatten. In dieser Hinsicht sind Hobbits nur allzu menschlich (wenn man mir diesen Ausdruck hier verzeiht). Sie sind keine reinen, sündlosen Kreaturen, keine unschuldigen Opfer eines übergroßen Bösen, sondern ebenso wie wir ein gefallenes Volk, das sich entscheiden muss, ob es großzügig und freundlich oder gierig und hässlich sein will.

Wenn wir freiwillig und ohne Reue von unserem Überfluss abgeben können und wenn wir Geschenke ohne falsche Scham oder das Gefühl, dass sie uns ohnehin zustehen, von anderen annehmen können, dann haben unsere Besitztümer keine Macht über uns und wir sind wirklich frei. Großzügigkeit scheint nicht unbedingt eine besonders spektakuläre Tugend zu sein, aber oft ist sie eine der schwierigsten. Auch Jesus stellte fest: „Eher kommt ein Kamel durch ein Nadelöhr als ein Reicher in Gottes neue Welt" (Matthäus 19,24) und: „Menschen können das nicht machen, aber für Gott ist nichts unmöglich" (Matthäus 19,26).

Kapitel 3

Freundschaft

Es gibt keinen größeren Schatz in Mittelerde (oder an einem anderen Ort) als gute Freunde. Bei all den Vorteilen, die es hat, unbelastet zu reisen, kann Frodo doch froh sein, dass er gleich mehrere solcher „Schätze" mit auf die Reise nimmt.

Merry, Pippin und Sam sind keineswegs perfekt. Sie stecken ihre Nasen in Frodos persönliche Angelegenheiten und verursachen haarsträubende Pannen; sie spionieren ihn aus, schmieden hinter seinem Rücken Pläne und kümmern sich nicht um seine Wünsche. „Mein lieber alter Hobbit, du rechnest nicht mit der Wißbegierigkeit von Freunden", sagt Merry, als die Verschwörung auffliegt (I, 134). Zu Frodos Überraschung wissen die Freunde alles über seine Entscheidung, das Auenland zu verlassen, und haben sogar vom Ring Kenntnis. Im Gegenzug sind sie aber entschlossen, seine Geheimnisse besser zu bewahren als er selbst. Sie sind besser als perfekt: Sie sind echt!

Freundschaft allein hat nicht die Macht, das Böse zu besiegen. Die vier Hobbits lassen sich nur allzu leicht vom alten Weidenmann und später von dem Unhold in den Hügelgräbern verzaubern. Vor den Schwarzen Reitern bleiben sie nur durch reines Glück verborgen und ohne das Eingreifen von Tom Bombadil und den Elben hätten sie es nicht einmal bis nach Bree geschafft. Im Laufe ihres Abenteuers besteht der Nutzen ihrer Freundschaft jedoch einfach darin, dass sie ihre Gesellschaft genießen, dass sie zusammen lachen und singen und einander trösten und ermutigen können. Sie können nicht gegen die Schwarzen Reiter kämpfen, sie wissen nichts über die Länder, die sie erwarten, und sie besitzen auch keine große Lebensweisheit, um Frodo zu leiten. Trotzdem drängen Frodo selbst die Elben (die es hassen, Ratschläge zu erteilen), solche vertrauenswürdigen Freunde mitzunehmen.

Frodo fällt es jedoch schwer, die Hingabe seiner Freunde zu akzeptieren. Die Gründe dafür werden angedeutet, aber nie genau erklärt. Zum einen ist es sicher sein eigenes Gefühl für Loyalität: Er will seine Freunde schützen, indem er sie zurücklässt. Doch als Waise hat er auch eine tief verwurzelte Angst davor, allein gelassen zu werden – und jetzt, wo selbst Bilbo ihn verlassen hat, wie kann er da den anderen trauen? Der Ring, den Frodo nun schon zwölf Jahre bei sich trägt, hat sicher seine vernichtende Wirkung ausgeübt, seine Verlustängste verstärkt und ihm ununterbrochen eingeflüstert, dass er immer wieder verlassen werden wird. Und letztlich hält er sich vielleicht einfach solcher Freunde nicht für würdig, die bereit sind, ihr Leben für ihn zu lassen.

Doch trotz alledem (und vielleicht sogar *wegen* alledem!) entscheidet sich Frodo dafür, seine Freunde nicht im Stich zu lassen, als seine eigene Loyalität auf die Probe gestellt wird. Als er und die anderen in den Hügelgräbern gefangen sind, kommt Frodo plötzlich der Gedanke, dass er mit Hilfe des Rings entkommen und „den Weg nach draußen finden könnte. Er dachte daran, daß er selbst frei über das Gras laufen und zwar um Merry, Sam und Pippin trauern würde, aber selbst frei und lebendig wäre. Gandalf würde zugeben, daß er sonst nichts hätte tun können" (I, 178). Doch dann wäre er genauso treulos gewesen, wie er es insgeheim von seinen Freunden befürchtete. Die Saat des Mutes geht auf und er ruft nach Tom Bombadil.

Natürlich werden alle gerettet, doch das Gefühl der Bedrohung verlässt Frodo dennoch nicht. Immer wieder weigert er sich, seine Freunde an seinen Gefahren teilhaben zu lassen. Vielleicht flüstert der Ring ihm zu, dass ihn nur seine Hand tragen kann und dass ihre Loyalität in Wirklichkeit von dem Wunsch beseelt ist, selbst in den Besitz des Ringes zu gelangen. Doch damit ihr Abenteuer Erfolg hat, wird Frodo die wahre Natur von Freundschaft kennen lernen und erleben müssen, wie wichtig es ist, sie anzunehmen, ihr zu vertrauen und sich auf sie zu stützen, wenn seine eigenen Kräfte versagen.

Als die Hobbits schließlich in Bree ankommen, begegnen sie einem Fremden, der sich ihrer Gemeinschaft anschließen will. Er ist ein bedrohlich aussehender Bursche, doch eine Eigenschaft des Ringes ist, dass Frodo Dinge wahrnimmt, die anderen entgehen. Er begreift intuitiv, dass „nicht alles, was Gold ist, funkelt" (I, 212). Auf Grund dieser Intuition akzeptiert er Streicher, obwohl er dessen wahre Identität nicht kennt.

Streicher ist Aragorn, der Anführer einer Gruppe von Waldläufern, die es sich zur Aufgabe gemacht haben, die Gegend um das Auenland vor Trollen, Wölfen und anderem Bösen zu beschützen. Er bietet den Hobbits seine Dienste als Führer an, erwartet aber im Gegenzug auch etwas von ihnen. Trotz seines abgerissenen Äußeren hat er es nicht auf ihr Geld abgesehen. Er erwartet auch keine Dankbarkeit. Seine wahre Identität als Königssohn hat er lange Zeit verborgen, und es liegt auch jetzt nicht in seiner Absicht, als solcher erkannt zu werden. Er war einsam und unverstanden, und was er sich am meisten wünscht, ist Freundschaft. Je besser die Hobbits den geheimnisvollen Fremden kennen lernen, desto bemerkenswerter wird diese Tatsache.

Auch die Freundschaft von Gandalf ist so bemerkenswert. Obwohl er selbst in den Augen der Großen als sehr mächtig angesehen wird, sieht er niemals auf andere herab. Tatsächlich ist es nur Gandalfs Freundschaft, die Bilbo schließlich veranlasst, den Ring herauszugeben. Obwohl der Zauberer in dem Gespräch mit dem Hobbit auch einen kleinen Strahl seiner Macht aufblitzen lässt, ist das nicht der Wendepunkt; und dieses Verhalten wäre auch verhängnisvoll gewesen, wenn die Freundschaft zwischen den beiden nicht so stark gewesen wäre. Denn dann hätte Bilbo voller Angst den Ring angezogen und wäre geflohen. Am Ende sagte Gandalf einfach: „Ich wollte, du würdest mir vertrauen wie früher" (I, 51). Und Bilbo gibt nach.

„Viele reden von ihrer Treue; aber finde mal einen, auf den Verlass ist!" (Sprichwörter 20,6). Die meisten von uns möchten ihren Freunden gegenüber loyal sein, aber in der Praxis ist dies eine schwierige Tugend. Wenn unsere eigenen Wünsche und Bedürfnisse uns in die Quere kommen, ist es nur allzu leicht, fadenscheinige Begründungen zu finden, warum wir vor der vollen Hingabe zurückscheuen. Es erfordert das Herz eines Dieners – und ein solches besitzt Sam –, um unsere eigenen Pläne zur Seite zu legen und einem Freund in Gefahr und Verbannung zu folgen. Doch genau das ist es, was wahre Freunde ausmacht.

Kapitel 4

Gastfreundschaft

Die Bibel ermuntert uns dazu, Fremde freundlich aufzunehmen, denn so, heißt es, hätten schon manche Engel bewirtet, ohne es zu merken (vgl. Hebräer 13,2).

Dick Bolger möchte nicht an Frodos gefährlicher Reise teilnehmen, will aber seinen Teil dazu beitragen, indem er ein Haus für Frodo vorbereitet und die Gefährten bewirtet, so lange sie dort sind. Danach hat er die schwierigere Aufgabe, weiter so zu tun, als halte sich Frodo noch dort auf, und die Schwarzen Reiter zu erwarten, die die Spur zu diesem Haus auf jeden Fall finden werden. Die simple Gabe der Gastfreundschaft ist nicht so umfassend wie die Gabe von Merry, Pippin und Sam, aber sie ist wichtig für den Erfolg ihrer Mission und verlangt ebenso viel Vertrauenswürdigkeit.

Der Bauer Maggot weiß nichts von dem Ring. Genau genommen ist er nicht einmal ein Freund, außer vielleicht für Merry, der aber noch nicht zu den anderen gestoßen ist. Alles, was Maggot weiß, ist, dass ein Schwarzer Reiter zu ihm gekommen ist und nach „Beutlin" gefragt hat. Ein Geringerer hätte Frodo und seinen Freunden die Tür vor der Nase zugeschlagen, als er seinen Namen hörte, aus Angst vor dem, in was er da hineingezogen werden würde. Doch nicht so Maggot. Obwohl er den Einwohnern von Hobbingen misstraut, da er selbst aus dem Bruch kommt, erkennt er Pippin und pfeift seine Hunde zurück. Dann versorgt er sie nicht nur mit Essen und Bier, sondern begibt sich noch selbst in Gefahr, indem er sie im Schutz der Dunkelheit zur Fähre bringt.

Maggot will im Gegenzug noch nicht einmal erfahren,

was der ganze Aufruhr zu bedeuten hat. „Ich fordere Euch nicht auf, mir etwas zu erzählen, was Ihr lieber für Euch behaltet; doch sehe ich, dass Ihr irgendwie in der Klemme seid. Vielleicht denkt Ihr daran, daß es nicht so leicht sein wird, zur Fähre zu kommen, ohne geschnappt zu werden?" (I, 124). Seine Warmherzigkeit (und sein Bier) ist eine große Ermutigung für die drei Hobbits, und diese Szene ist ein wunderbares Beispiel dafür, wie jemand die Verantwortung für sein Land und diejenigen übernimmt, die hindurchreisen. Später werden sie erfahren, dass Maggot ein Freund von Tom Bombadil ist, doch selbst diese Neuigkeit kann ihn in ihrem Ansehen nicht noch höher steigen lassen.

Die Unterscheidungsfähigkeit und Diskretion der Gastgeber kann sehr zur inneren Ruhe ihrer Gäste beitragen. Die Privatsphäre zu respektieren und keinen ungefragten Rat aufzudrängen, kann müde Reisende ebenso erfrischen wie gutes Essen und ein weiches Bett. Wahrhaft großzügige Gastgeber zeichnen sich dadurch aus, dass sie keine Gegenleistung erwarten. „Nein, eure Feinde sollt ihr lieben! Tut Gutes und leiht, ohne etwas zurückzuerwarten! Dann bekommt ihr reichen Lohn; ihr werdet zu Kindern des Höchsten. Denn auch er ist gut zu den undankbaren und schlechten Menschen" (Lukas 6,35). Es ist oft nicht einfach, die Guten von den Bösen zu unterscheiden, und es ist besser, man geht das Risiko ein, von einem Undankbaren ausgenutzt zu werden, als dass man eine Gelegenheit verpasst, einem wirklich Bedürftigen zu helfen.

Tom Bombadil ist ein noch weit besserer Gastgeber als Bauer Maggot. Er ist älter als die Bäume, unter vielen Namen bekannt, stärker als Wind und Weide, und selbst der Ring hat keine Macht über ihn. Er kann ihn tragen, ohne unsichtbar zu werden, und er sieht Frodo auch dann noch, wenn dieser den Ring anhat. Er kennt unzählige fröhliche und traurige Geschichten und genießt das einfache Leben sehr, das er führt. Er liebt die Bäume und die Tiere und seine wunderschöne Frau Goldbeere. Er rettet die Hobbits, als sie in großer Not sind, er gibt ihnen Essen und ein Bett, als sie hungrig und müde sind, und unterhält sie, als sie sich langweilen. Doch trotz all seiner Macht bietet er ihnen letztlich im Grunde auch nicht mehr an als Bauer Maggot: Gastfreundschaft und sicheres Geleit über sein Land.

Für Gerstenmann Butterblume, den Inhaber des „Tänzelnden Pony" in Bree, ist Gastfreundschaft sein Geschäft. Aus diesem Grund ist er weniger großzügig als die „Amateure". Er ist zu beschäftigt, um jemandem seine volle Aufmerksamkeit zu widmen, daher hat er Streicher nie wirklich kennen gelernt, obwohl er diesen oft beherbergt hat. Auch hat er vergessen, Gandalfs Brief nach Hobbingen weiterzuleiten, und beinahe wäre ihm auch noch entfallen, ihn Frodo zu geben, als dieser bei ihm einkehrt. Trotzdem tut auch Butterblume für die Gefährten, was er kann. Als er hört, dass die Schwarzen Reiter aus Mordor kommen, ist er sehr verzagt. Frodo fragt ihn, ob er immer noch bereit sei, ihnen zu helfen.

Er antwortet: „‚Bin ich. Mehr denn je. Obwohl ich nicht weiß, was meinesgleichen tun kann gegen, gegen ...' Ihm versagte die Stimme.

‚Gegen den Schatten im Osten', sagte Streicher ruhig. ‚Nicht viel, Gerstenmann, aber jedes bißchen hilft. Ihr könnt Herrn Unterberg heute Nacht als Herrn Unterberg hier bleiben lassen und könnt den Namen Beutlin vergessen, bis er weit fort ist'" (I, 211). Butterblume willigt ein und die Hobbits überleben eine weitere Nacht.

In jedem Fall bietet Gastfreundschaft müden Reisenden Ruhe. Im Laufe der Reise begegnen die Gefährten immer wieder an unverhofften Orten gastlichen Fremden, die ihnen eine oder zwei Nächte in Frieden ermöglichen, sodass ihre Mission nicht nur aus ständigen Härten und Gefahren besteht. Keine Reise kann ohne Gelegenheiten zum Ausruhen bewältigt werden, und daran sollten wir immer denken, wenn wir je die Gelegenheit bekommen, eine zu unternehmen.

Kapitel 5

Glaube

Immer, wenn Frodo und seine Freunde in Gefahr geraten, ist es das Klügste, was sie tun können, um Hilfe zu rufen. Als alle Versuche, Merry und Pippin aus dem Griff des Alten Weidenmanns zu befreien, gescheitert sind und der Baum die Freunde zu zerquetschen droht, rennt Frodo los und schreit um Hilfe. Diese erscheint in Gestalt von Tom Bombadil, dem Einzigen im Alten Wald, der die Macht hat, ihnen zu helfen.

Frodo ruft in einer späteren Notlage noch einmal nach Tom, als die Hobbits in den Hügelgräbern sind, und wieder wird er erhört. Tatsächlich erhält er immer eine Reaktion auf seine eher hoffnungslosen Hilferufe. Als die Schwarzen Reiter zum Beispiel die Hobbits am Fuß der Wetterspitze finden, bevor Frodo die Kraft entwickelt hat, der Versuchung des Ringes zu widerstehen, wirft er sich einfach nach vorn und ruft: „O Elbereth, Gilthoniel!" (I, 242).

Dem „Silmarillion" zu Folge ist „Elbereth" der Elbenname für Varda, die von Eru, dem Einen, erschaffen wurde und ihrerseits die Sterne gemacht hat. Sie gehört zu den Valar, engelhaften Wesen, die in Mittelerde leben und an seiner Schöpfung teilhatten. Ihr Name ist für die Ringgeister tödlicher als Frodos schwächlicher Stoß mit dem Schwert. Der Grund dafür ist einfach: Frodo ist in eine Geschichte verwickelt worden, deren Anfänge noch vor der Erschaffung von Mittelerde liegen, und es sind Mächte involviert, die selbst die Weisesten von Mittelerde nur bruchstückhaft kennen; Mächte, denen daran gelegen ist, dass Frodo seine Aufgabe vollendet. Obwohl er wenig von diesen Wesen weiß, hört Frodo sich immer wieder bei verschiedenen Gelegenheiten ihren Namen anrufen. Und erstaunlicherweise antworten sie immer.

Auch wir sind umgeben von Mächten, die wir nicht sehen können, und nicht alle von ihnen sind böse. Elisha, ein Prophet im alttestamentlichen Israel, bittet darum, dass seinem Begleiter die Armee Gottes sichtbar gemacht werde.

Da sieht der Diener, dass „der ganze Berg, auf dem die Stadt lag, bedeckt (war) mit Pferden und Streitwagen aus Feuer" (2 Könige 6,17). Elisha bittet dann darum, dass die Soldaten der Aramäer, die ausgesandt wurden, um sie zu töten, mit Blindheit geschlagen werden. Das geschieht und er führt sie nach Samaria.

Jesus sagt: „Weißt du nicht, dass ich nur meinen Vater um Hilfe zu bitten brauche, und er wird mir sofort mehr als zwei Legionen Engel schicken?" (Matthäus 26,53). Diese Mächte sind real, ob wir nun oft an sie denken oder nicht, und sie helfen denen, die reinen Herzens sind, ganz egal, ob wir sie kennen oder nicht, denn sie sind so demütig wie Jesus selbst.

Von allen Lebewesen in Mittelerde sind die Elben den Valar am ähnlichsten und von diesen ist Elbereth die Größte. Einige Elben sind in der Lage, sich gleichzeitig an zwei verschiedenen Orten aufzuhalten – an einem gesegneten Ort, an den sie vor den Machenschaften des Dunklen Herrn fliehen, und auch in der Welt der Hobbits. Aus diesem Grund kann Glorfindel auch seine eigene anderweltliche Macht anrufen, um die Schwarzen Reiter in die Fluten der Furt zu treiben.

Andere, die auch die Macht besitzen, den Hobbits zu helfen, sind nur menschliche Wesen, und meist nicht einmal besonders auffallende. Als die Hobbits Streicher als Freund akzeptiert haben, folgen sie ihm voller Vertrauen. Es gelingt ihm nicht, Frodo vor den Waffen der

Ringgeister zu bewahren, doch er hat genügend Kenntnisse über Heilkunde, um ihn am Leben zu erhalten, bis sie Elronds Haus erreichen und dieser ihn vom Abgrund des Todes zurückholt.

Frodo ist also bereits verletzt, und sogar beinahe tödlich, bevor er sein wahres Ziel kennt. Vor ihm liegt noch eine lange, beschwerliche Reise. Er ist geschwächt, doch das wird ihn in keiner Weise behindern. Mit oder ohne Hoffnung ist er bereit, sein Leben hinzugeben, um die Aufgabe zu erfüllen, die ihm auferlegt wurde. Und das ist alles, was die Mächte über uns von einem sterblichen Wesen erwarten können.

Manchmal besteht die größte Herausforderung für uns darin, auf die Hilfe zu vertrauen, die uns angeboten wird, und sie anzunehmen. Wenn uns das Aussehen des Helfers nicht gefällt oder wir ihn gar nicht sehen können, wenn wir das Ende der Reise nicht kennen und unsere Aufgabe uns zu groß erscheint, könnten wir uns von Elisha und seinem Vertrauen in die unsichtbaren Mächte inspirieren lassen. Und von Frodo, dessen Fähigkeit zu vertrauen sich auf seiner Reise als seine wichtigste Tugend entpuppt.

Ein guter Anfang

Zweites Buch:
Die Gefährten

Kapitel 6

Sichtweisen

Die Geschichte ist ein zweischneidiges Schwert und in manchen Fällen sogar ein geborstenes. Wie Narsil, das Schwert, das im ersten Krieg gegen Sauron unter Isildur zerbrach, ist das Bündnis zwischen Elben und Menschen angeschlagen, und die Stämme haben sich voneinander entfernt. Wie Narsil wird dieses Bündnis in Bruchtal neu geschmiedet, sodass das, was zerbrochen war, nun wieder vereint ist. Aragorn benennt das Schwert neu und gibt ihm den Namen „Andúril", doch es ist immer noch zweischneidig.

Die Geschichte, die vor Elronds Rat ausgebreitet wird, vereint alle Anwesenden in der Erkenntnis, dass ihre Probleme ein Teil desselben uralten Konflikts sind. Doch gleichzeitig trennt sie sie auch, indem sie alte Feindseligkeiten zwischen Elben und Zwergen wieder aufbrechen lässt, und Aragorn und Boromir beginnen miteinander darüber zu streiten, wessen Aufgaben undankbarer und notwendiger gewesen sind. Gandalf warnt sie, dass solche Streitigkeiten nicht in Elronds Rat gehören; wichtig ist allein, zwischen Fehlern zu unterscheiden, die das Resultat böser Absichten, und solchen, die einfach das Ergebnis der Unvollkommenheit sind, die uns allen eigen ist.

In der Nacherzählung der Geschichte erscheinen die, die bisher vertraut waren, plötzlich fremd und bewundernswert. Gandalf, der nette Zauberer, Freund der Hobbits und Meister des Feuerwerks, ist viel mehr; er ist ein großer Faktor in der Geschichte. Elrond, Herr von Bruchtal, war Zeuge von drei Zeitaltern und hat mit angesehen, wie Isildur den Ring von Saurons Finger schnitt. Aragorn, der abgerissen aussehende Waldläufer, ist der Nachkomme und Erbe großer Könige.

Selbst Gollum, die bösartige Kreatur, die den Ring lange Zeit unter den Nebelbergen versteckt hielt, erscheint in einem neuen Licht, als offenbar wird, dass er einst Teil einer großen Familie und eines Volkes war, das den Hobbits ganz ähnlich ist. Als Gandalf schon fast die Suche nach diesem Geschöpf aufgeben will, drängt Aragorn ihn weiterzumachen, obwohl es zu spät scheint und andere wichtige Aufgaben auf sie warten. Hätten sie die Jagd nach Gollum abgebrochen und ihn nicht gefunden, wäre ihr Verständnis für die Wirkung des Ringes auf vermeintlich kleine, unbedeutende Leute gefährlich unvollkommen geblieben. Sie hätten dann beispielsweise nie erfahren, dass Hobbits vergleichsweise langsam unsichtbar werden, wenn sie den Ring tragen, und dass sie eine enorme innere Widerstandskraft gegen seine Wirkungsweise haben.

Das Wissen um die Vergangenheit und die Sichtweisen, die sich dadurch eröffnen, sind oft von grundsätzlicher Bedeutung, wenn man in der Gegenwart Entscheidungen fällen will. Doch damit Wissen und Perspektive im Kampf gegen das Böse Wirkung zeigen können, müssen alle Diskussionen und Debatten schließlich zum Handeln führen. Da die Geschichte enthüllt, dass der Ring nicht zum Guten verwendet werden kann, sondern durch und durch böse ist, entscheidet der Rat, dass es nur eine Lösung gibt: seine Zerstörung. Frodo muss nach Mordor gehen und den Ring in die Feuer des Schicksalsberges werfen, wo er auch geschmiedet wurde.

Geschichte kann langweilig sein, voller Namen, die uns nichts bedeuten, und Taten, die wir nicht verstehen. Wenn wir den Versuch unternehmen, uns näher damit zu beschäftigen, finden wir uns leicht versucht, uns Bilbo anzuschließen, der nach einem frühen Mittagessen ruft. Doch wenn wir ein Gefühl für die Geschichte bekommen, eröffnet uns dies die Chance, uns selbst als Teil eines größeren Ganzen zu sehen, sodass wir nicht nur an uns selbst und unsere Zeit denken, sondern Entscheidungen treffen, die Auswirkungen auf alle Zeiten haben. Daher lehnt der Rat auch den Vorschlag ab, den Ring in den See zu werfen, denn ihn nur zu verbergen, würde Sauron nicht vernichten, sondern nur seinen geschwächten Zustand länger anhalten lassen, sodass er Zeit gewinnt, bis der Ring wieder entdeckt wird. Selbst wenn das Millionen von Jahren dauern würde.

Die Bibel steckt voller beunruhigender und verwirrender Geschichten, unaussprechlicher Namen und dem Schrecken von Gottes Zorn. Sie ist ein uraltes Dokument und umspannt Tausende von Jahren, doch wir müssen versuchen, sie zu verstehen – und das gilt sowohl für das Alte als auch für das Neue Testament –, denn das eine wirft sein Licht auf das andere, so wie die Geschichte des Rings die Situation des Rats beleuchtet. Die Geschichte kann uns zeigen, was behalten und was weggetan werden muss. Nur so können wir lernen, die Hand dessen zu erkennen, der rettet, und ihm inmitten all der Turbulenzen unserer Zeit zu vertrauen.

Selbst in der Dunkelheit der Minen nimmt sich Gandalf die Zeit für eine kleine Geschichtsstunde, als die Gefährten das Grab von Balin finden. Wenn es ihm auch nichts zu nützen scheint …

Kapitel 7

Gemeinschaft

Gemeinschaft ist etwas anderes als Freundschaft – sie ist sowohl stärker in ihrer Vielschichtigkeit als auch schwächer (zumindest zu Anfang) in der Bindung der Individuen aneinander. Die Mitgliedschaft ist oft willkürlich oder von außen verordnet, durch Zufall oder Geografie, Geschichte oder Schicksal. So ist es in einer Gemeinde und so ist es auch in Elronds Rat, in einer Jury bei Gericht oder bei unseren neun Gefährten.

Weil sie aus vielen Quellen schöpft, kann die Gemeinschaft von Bruchtal Späher aussenden, die das Land beobachten und die Bewegungen des Feindes auskundschaften, während sich die Gefährten ausruhen und vorbereiten. Um die Gruppe der neun Wanderer zusammenzustellen, die es mit den neun Reitern aufnehmen sollen, schließt Elrond Vertreter aus jeder der Hauptvolksgruppen ein, die zum Rat gehören. Legolas, Gimli und Boromir werden für die Elben, Zwerge und Menschen ausgewählt. Aragorn und Gandalf gehören dazu, weil ihr Schicksal untrennbar mit dem Ring verbunden ist. Frodo als Ringträger ist natürlich dabei, genau wie Sam, der sich unter keinen Umständen von seinem Herrn trennen wird.

In Bezug auf die noch fehlenden zwei sind sich Elrond und Gandalf uneinig. Elrond will Merry und Pippin nach Hause schicken, damit diese das Auenland gegen die Gefahren verteidigen, die noch kommen werden. Er ist der Meinung, dass zwei mächtige Elbenfürsten die richtigen Begleiter wären. Doch Gandalf verteidigt den Wunsch der beiden jungen Hobbits, Frodo zur Seite zu stehen. Er kann nicht voraussehen, welches Ende das Ganze nehmen wird, doch er ist bereit, sich mit Elrond anzulegen – im Namen der Freundschaft. Er ehrt die Loyalität, die die Hobbits bereits an den Tag gelegt haben, und er weiß, dass die Zeit vorbei ist, in der man die Welt mit Machtmitteln vor dem Bösen schützen konnte. Wie schon zuvor drängt sich ihm die Ahnung auf, dass man hier auf die Schwachen vertrauen sollte und nicht auf Kraft und Weisheit. In der Dunkelheit, in die sie sich begeben werden, ist es besser, auf die Loyalität von Freunden zu vertrauen als auf die Macht wohlmeinender Fremder.

Die besten Gemeinschaften bestehen aus Freunden, und Gandalf ist ein Meister darin, solche Gemeinschaften aufzubauen. Während seiner Erzählungen im Rat spricht er von vielen Leuten als seinen Freunden. Von Radagast bis Butterblume, vom Adler Gwaihir bis zum edlen Pferd Schattenfell – Gandalf schätzt Freundschaft über alles.

Wahre Gemeinschaft basiert auf einer Entscheidung. Elrond weigert sich, einem von ihnen (außer Frodo) einen Eid oder eine Verpflichtung aufzuerlegen, obwohl Gimli der Meinung ist, dass sie „ein geschworenes Wort" stärken könne, wenn der Weg finster werde. Es ist schwierig, eine Gemeinschaft unter allen Umständen zusammenzuhalten, doch man kann dies niemals erzwingen. In den Gefahren, die Frodo erwarten, könnte ein Schwur am Ende das Herz dessen brechen, der ihm folgen will, aber nicht die Kraft dazu hat.

Gemeinsam kämpft die Gemeinschaft gegen Wölfe, übersteht den Sturm am Rothornpass und durchquert die Minen von Moria. All dies liegt weit jenseits der Möglichkeiten der vier Hobbits, die aus dem Auenland aufgebrochen waren, selbst wenn man ihr außergewöhnliches Glück berücksichtigt. Sie brauchen die Kräfte von Menschen und Zauberern, Elben und Zwergen.

Obwohl die Künstlichkeit ihrer Gemeinschaft sie etwas anfälliger macht, kann sie auch Freundschaften hervorbringen, die unter normalen Umständen unwahrscheinlich sind. Legolas und Gimli haben an alten und aktuellen Feindschaften zu knabbern, von der Gefangenschaft der Zwerge (einer von ihnen war Gimlis Vater) bei ihrem Abenteuer mit Bilbo bis zu dem namenlosen Grauen, das die Zwerge in Moria erlebten, bevor Legolas überhaupt geboren war. Doch im Rahmen der Gemeinschaft lernen sie, einander zu respektieren und sogar zu mögen.

Auch hier ist es wieder Gandalf, der sie dazu ermutigt. Während einer Diskussion über die Frage, welche Rasse Schuld am Bruch zwischen Elben und Zwergen war, sagt er: „Ich habe beides gehört, und ich will jetzt kein Urteil darüber abgeben. Aber ich bitte zumindest euch beide, Legolas und Gimli, Freunde zu sein und mir zu helfen. Ich brauche euch beide" (I, 368).

Das Auenland, Bruchtal und später Lothlórien sind sichere Häfen, Oasen des Lichts inmitten zunehmender Dunkelheit. Gemeinschaft hält die Geschichte lebendig, bietet Fremden Zuflucht und stärkt Freundschaften. Vielleicht überleben diese Orte Jahrtausende, in denen sie nichts anderes tun als das oben Beschriebene, und dennoch werden sie damit wahre Leuchttürme sein und der ganzen Welt Segen bringen.

Kapitel 8

Opferbereitschaft

In ihrer höchsten Form ist Aufopferungsbereitschaft eine außergewöhnliche Tugend, und diejenigen, die sie leben, nennt man Märtyrer. Doch diese Tugend äußert sich nicht immer so „spektakulär", sondern wirkt oft weniger offensichtlich, wenn auch nicht weniger machtvoll. Gemeint ist das Opfer, um das Jesus alle bittet, die ihm nachfolgen wollen: dass sie alles hinter sich lassen, was sie besitzen.

Die Hobbits verlassen das Auenland und mit ihm alles, was ihnen lieb und vertraut ist; alles, was sie bisher von der Welt überhaupt kannten. Boromir, Legolas und Gimli brechen aus ihren Heimatländern auf, die vom Krieg bedroht sind. Aragorn enthält sich seit Jahren eine Liebesbeziehung zu Arwen vor, die er auch jetzt wieder nicht auslebt, als er Arwen in Bruchtal zurücklässt.

Alles, wofür es sich wirklich zu leben lohnt, fordert diese Art von Opfer. Ob man sein Zuhause verlässt, um auf einen Missionseinsatz zu gehen, oder zu Hause bleibt, um für seine Kinder da zu sein – man verlässt Dinge und Orte, die einem wichtig sind, für etwas, was einem noch wichtiger erscheint. Und nur so kann die Welt zu einem besseren Ort werden.

Die Unterscheidung zwischen „wichtig" und „noch wichtiger" ist natürlich keine einfache Sache, aber letztlich geht es um unsere Berufung. Boromir verlässt den Kampf an den eigenen Landesgrenzen als Reaktion auf einen Traum. Sein Bruder Faramir hatte bereits mehrere Male denselben Traum gehabt, doch im Gegensatz zu ihm macht sich Boromir auf den Weg nach Imladris. Die Frage, ob dies seine wahre Berufung war oder nicht, kann er nur in seinem eigenen Herzen beantworten, und sie geht auch den Außenstehenden nur in zweiter Linie etwas an. Und die Frage „was wäre, wenn" kann überhaupt niemand beantworten.

Gandalfs Lebensaufgabe ist es, gegen Sauron anzukämpfen und andere dazu zu ermutigen, dies ebenfalls zu tun. So kommt es, dass man den Eindruck gewinnt, er müsse für diese Reise weniger opfern als die anderen. Doch in Wirklichkeit ist sein ganzes Leben ein Geschenk an die Leute des Westens. Er hatte nie einen festen Wohnort, sein einziger offensichtlicher Besitz ist sein Stab, und viele seiner engsten Freunde sind bei den Neun dabei. Wie der Apostel Paulus ist er „den Juden ein Jude, den Griechen ein Grieche"; er geht mit und für die anderen in Gefangenschaft, teilt jede noch so harte Wegstrecke mit ihnen und entfacht ein Feuer in den Herzen seiner Begleiter.

Obwohl er unzweifelhaft der Anführer der Expedition ist, zögert Gandalf niemals, seine Autorität zu opfern. Als sie vor der Wahl stehen, durch die Minen von Moria zu gehen oder es noch einmal mit dem Rothornpass zu versuchen, besteht er nicht darauf, dass Aragorn und die anderen sich seiner Weisheit beugen, sondern stimmt zu, es mit dem Caradhras zu versuchen. Er warnt davor, Feuer anzuzünden, doch als es um Leben und Tod geht, erlaubt er den anderen nicht nur, Feuer zu machen, sondern er setzt seine eigene Macht für sie ein, obwohl das jedem, der die Zeichen zu deuten versteht, seine Anwesenheit verraten wird.

Als der Balrog erscheint, würde die Vernunft eigentlich gebieten, dass Gandalf sich selbst und Frodo in Sicherheit bringt, denn sie sind ganz offensichtlich die wichtigsten Mitglieder der Gemeinschaft. Der Ringträger ist auf dem langen Weg, den er noch vor sich hat, auf Gandalfs Hilfe angewiesen. Die anderen sind entbehrlicher. Doch Gandalf ist nicht nur ihr Anführer, sondern vor allem ihr Freund, und wie Jesus hat er die größte Liebe von allen und ist bereit, sein Leben für seine Freunde zu opfern. Er stellt sich dem Balrog in den Weg, Durins Fluch, zerbricht das Schwert des Dämonen und reißt die Brücke mit sich in den Abgrund.

Er steht nicht stolz und stark da wie Boromir, als er an der Brücke von Osgiliath gegen die Orks kämpft. Er steht da wie ein alter Mann, müde und allein, der weiß, dass er seinem Ende ins Auge sieht. Als sich die Enden der Balrog-Peitsche um seine Knie wickeln und er vergeblich nach den Überresten der Brücke greift, sind seine letzten Worte keine Verzweiflungsschreie oder Hilferufe, sondern ein Rat an seine Freunde: „Flieht, ihr Narren!", ruft er und verschwindet (I, 400).

Kluge Heerführer leiten ihre Armeen von hinten, damit sie nicht im Gefecht umkommen und ihre Truppen mit ihnen auch ihre Führung verlieren. Sie allein kennen die Strategie für den weiteren Verlauf des Kampfes, und ihre Soldaten können es sich nicht leisten, sie zu verlieren. Doch niemand ist dazu berufen, andere zu opfern, um selbst überleben zu können, ganz egal, wie wichtig wir zu sein scheinen. Der Standort eines echten Leiters ist vorn; er sollte sich wie die geringsten seiner Soldaten mitten in den Gefahren befinden. Das war es, was Jesus vorgelebt hat, und im Grunde ist es der Gipfel der Dummheit. Mögen wir in unserer Schwachheit einmal die Gelegenheit haben, einen solchen Gipfel zu erreichen ...

Kapitel 9

Wunder

Als die erste Welle der Trauer um Gandalf abebbt, fordert Gimli Frodo und den ihm untrennbar verbundenen Sam auf, mit ihm zusammen auf die Wasser des Spiegelsees, des Kheled-zâram, zu schauen. Er hat gerade erfahren, dass alle Zwerge, die aufgebrochen waren, um Moria zurückzuerobern, gefallen sind. Das macht die Minen zu einem Zeugnis des Verlustes für ihn, doch seine Wertschätzung für die Schönheit um ihn herum ist ungebrochen. Es ist eines der Hauptmerkmale seines Volkes, dass es sich durch Erde und Gestein gräbt, um dem Fels seine Schätze abzuringen. Das Gefühl des Staunens, das ihn zum Spiegelsee zieht, ist dasselbe, das auch Gandalf ermutigte, als sie sich darauf vorbereiteten, Moria zu betreten – und es ist absolut angemessen.

Das größte Wunder des Spiegelsees ist die Tatsache, dass er ausschließlich Berge und Sterne reflektiert. „Von ihren eigenen gebückten Gestalten sahen sie kein Spiegelbild" (I, 403). Es gibt Dinge, die weder von den Tragödien noch den Triumphen unserer hektischen Zeit berührt werden. Sie werden bestehen bleiben, was auch immer die Zeiten bringen, und sie werden erst vergehen, wenn die Erde selbst vergeht.

„Jetzt sehen wir nur ein unklares Bild wie in einem trüben Spiegel" (1. Korinther 13,12). Wenn ein geliebter Mensch unerwartet stirbt oder etwas zerbricht, das wir für unzerstörbar hielten, kann das unsere Seele bis ins Mark erschüttern. Der Gedanke an die Ewigkeit vermag in diesem Zusammenhang nur ein kühler Trost zu sein, doch zumindest erinnert er uns daran, dass es nach dem Tod noch etwas gibt, das Bestand haben wird. Das ist die Hoffnung und das Schicksal von Lothlórien – dass dieser Ort in all seiner Schönheit vergehen muss, dass seine Bewohner sich jedoch für eine noch größere Pracht öffnen können, wenn ihre Heimat schließlich untergeht. Ein bittersüßer Trost, doch er reicht aus, und die Elben sind weise genug, um ihre Heimat für die Rettung Mittelerdes zu opfern.

Als die Gefährten Lothlórien erreichen, werden ihnen die Augen verbunden und sie dürfen anderthalb Tage lang nichts sehen. Frodo merkt, dass seine anderen Sinne dadurch gestärkt werden, sodass er, als ihm die Augenbinde abgenommen wird, beinahe in all der Schönheit ertrinkt. Lange Zeit kann er nur dastehen und schauen, bis Sam schließlich sagt: „Mir ist zumute, als sei ich *innerhalb* eines Liedes, wenn du weißt, was ich meine" (I, 423). Als Frodo seine Hand an einen Baumstamm legt, erfüllen ihn das Holz und die Berührung mit Freude, „nicht mit der des Försters oder Schreiners; es war die Freude am lebendigen Baum selbst" (I, 424).

Lothlórien ist eine Art irdisches Paradies, ein unsterblicher Garten inmitten einer vergänglichen Welt. Wie der Garten Eden ist er voller Magie und Wunder, aber auch gleichzeitig gefährlich. Die Gefährten werden gereinigt, als sie durch den Nimrodel waten, doch die Entscheidungen, die sie in Lothlóriens unberührten Wäldern treffen, haben umso mehr Macht, alles zu beschmutzen.

Galadriels Spiegel ist das Gegenstück zum Kheledzâram, denn während der Spiegelsee nur das reflektiert, was Bestand hat, zeigt Galadriels Elbenzauber Dinge, die noch nicht sind, und sogar solche, die niemals sein werden. Doch sie weist auch darauf hin: „Sehen ist sowohl gut als auch gefährlich" (I, 438). Frodo und Sam sehen viele Dinge in dem Spiegel, und wenn auch nicht ganz klar wird, ob ihnen das etwas nützen wird, so werden doch die Gefahren deutlich, die auf sie warten.

Auch Gandalfs Opfer ist ein Wunder, allein schon durch die Tatsache, dass einem so weisen und mächtigen Mann mehr an seinen Freunden liegt als an allem anderen, was er besitzt. Die Erinnerung an ihn und alles, was er für sie war und getan hat, verstärkt noch die Wertschätzung der Gefährten für die Schönheit von Lothlórien, weil diese ihnen die Gelegenheit gibt, Gandalfs Andenken zu ehren.

Der „Herr der Ringe" ist eine Geschichte voller verzweifelter Kämpfe gegen unüberwindliche Hindernisse, doch sie ist auch ganz und gar durchdrungen von einem tiefen Bewusstsein für die Wunder dieser Welt. Die Landschaften, durch die die Gefährten reisen, die Personen, denen sie begegnen, und die Freundschaften, die sie eingehen, halten das Gefühl in ihnen lebendig, dass die Welt gut und schön und wert ist, gerettet zu werden. Selbst als Gandalf nicht mehr bei ihnen ist, gelingt es ihnen, in den Wundern von Mittelerde Heilung und Zuflucht vor ihrer Trauer zu finden.

Kapitel 10

Versuchung

Als die Gefährten zum ersten Mal von dem Herrn und der Herrin von Lothlórien stehen, sagt Galadriel: „Eure Fahrt steht auf Messers Schneide. Geht nur um ein Weniges fehl, und sie wird scheitern, was den Untergang aller bedeutet. Und doch besteht Hoffnung, solange die ganze Gemeinschaft treu ist" (I, 431). Danach sieht sie jedem von ihnen ins Herz und ihr tiefes Wissen beschämt die Reisenden. Wenn Lothlórien in seiner Schönheit und Unverdorbenheit an den Garten Eden erinnert, dann ist Galadriel entweder die Schlange oder der schwertschwingende Engel an dessen Eingang.

Die Versuchung an sich ist noch nicht ganz und gar schlecht. In Prüfungssituationen lernen wir den Charakter unserer Begleiter kennen. Nur Legolas und Aragorn sind in der Lage, dem Blick Galadriels längere Zeit standzuhalten, denn sie sind sich ihrer Motive ganz sicher. Sam errötet am schnellsten; als er nach dem Grund dafür gefragt wird, unterstreicht er mit seiner Antwort noch das Bild vom Garten Eden: „Mir war, als hätte ich gar nichts an, und das gefiel mir nicht" (I, 431). Dennoch ist er der Einzige, der bereit ist, die Entscheidungsmöglichkeiten offen zu legen, vor die er sich gestellt sieht. Boromir dagegen enthüllt seinen Stolz und sein mangelndes Verständnis, indem er Galadriels eigene Motive in Frage stellt. Und obwohl er nicht verraten will, was seine eigenen Wahlmöglichkeiten sind, drängt er Frodo zu sagen, was die Herrin ihm angeboten hat.

Es ist gut zu wissen, mit welchen Versuchungen unsere Freunde am meisten zu kämpfen haben, und noch besser ist es, ihnen unsere eigenen Schwachpunkte mitzuteilen. Dieses Wissen, sofern es nicht erzwungen oder beurteilt wird, kann eine Gemeinschaft enger zusammenbringen, das gegenseitige Vertrauen stärken und uns Kraft geben. Zusätzlich zeigt es uns, auf welchen Gebieten unsere Freunde vielleicht ins Straucheln geraten, damit wir uns darauf vorbereiten können. Und die tiefste Freude besteht darin, wenn wir und unsere Freunde stark sind im Widerstand gegen das, was uns am meisten in Versuchung führt.

Es ist schwierig für uns zu begreifen, was an der Versuchung gut sein soll, denn von Anfang an haben wir ihr nachgegeben. Dennoch sollte uns die Versuchung im Garten Eden nicht zu Fall bringen, sondern uns reifen lassen. Ebenso verhält es sich mit Lothlórien und Galadriel. Wie Aragorn sagt: „In ihr und in diesem Land gibt es nichts Böses, sofern nicht jemand es selbst hierher bringt. Dann soll er sich hüten!" (I, 432). Hier hätte Boromirs Bruder Faramir sich wahrhaftig besser geschlagen, doch dann wäre alles ganz anders gekommen, und wer könnte sagen, wie es letztendlich ausgegangen wäre – zum Besseren oder zum Schlechteren?

Später lädt Galadriel Frodo und Sam dazu ein, in ihren Spiegel zu schauen, obwohl sie sehr gut weiß, dass das, was sie sehen, sie vermutlich erschrecken und noch stärker in Versuchung bringen wird, den Pfad zu verlassen. Für den armen Sam ist es beinahe zu viel. Es bringt ihn um zu sehen, wie die wundervollen alten Bäume im Auenland gefällt, die Hobbithöhlen geplündert und sein alter Ohm zur Flucht gezwungen werden. Er möchte sowohl mit Frodo weitergehen als auch sofort nach Hause zurückkehren. Doch er ist nicht wirklich in Gefahr, einer Versuchung zu erliegen, denn sein Herz ist offen und rein, und er kennt seine Pflicht gegenüber seinem Herrn. Er weiß, dass er „etwas zu tun hat, ehe alles vorbei ist" (I, 115), und er wird sich davon nicht abbringen lassen, auch wenn es ihm das Herz bricht.

Frodo dagegen ist der Auserwählte und für ihn gibt es kein Zurück. Er sieht vieles in dem Spiegel, doch am Ende ist da nur noch das Große Auge, das ihn unerbittlich und hungrig sucht. Im Angesicht dieses schrecklichen Bösen, auf das seine Reise zuführt, bietet er Galadriel den Ring an, so wie er ihn auch Gandalf angeboten hat, als er zuerst von der Natur seiner Bürde erfuhr.

Galadriel lacht. Sie ist Gandalf doch ähnlich – mehr Engel als Schlange. Wenn sie auch stärker durch den Ring in Versuchung gerät als Gandalf, so kann sie ihm doch leichteren Herzens abschwören als er. Sie ist keine Versucherin, sondern eine Frau, die das Wesen der Versuchung versteht. Sie hat eine lange Geschichte, und nicht alles in ihrem Leben ist vollkommen ehrenhaft gewesen, doch sie hat Weisheit aus ihren Fehlern erworben und weiß, dass Lachen die beste Abwehr gegen Versuchungen aller Art ist. Ihr einziger Wunsch ist es, dass „das, was sein sollte, sein wird" (I, 440), und sie wird sich nicht nach der Macht ausstrecken, mit der sie dies ändern könnte. Sie wird geringer werden, und mit ihr ihr Land, und damit ist sie zufrieden.

Bevor sie Lothlórien verlassen, gibt Galadriel jedem der Gefährten ein Geschenk – doch vielleicht hat sie ihnen ihre größte und gefährlichste Gabe schon bei ihrer ersten Begegnung gegeben.

Erfolgreicher Widerstand gegen die Versuchung stärkt unseren Willen, doch wenn wir ihr nachgeben, und sei es auch nur in Gedanken, führt das immer zum Bösen.

Kapitel 11

Versagen

Gandalf war in vieler Hinsicht eine Stütze; seine Geduld, Weisheit und Macht hatten viele Lücken innerhalb der Gemeinschaft gefüllt. So traurig sein Verlust auch ist, er eröffnet doch den übrigen Gefährten die Gelegenheit, auf ihren eigenen wackligen Füßen zu stehen. Was ihnen gleichzeitig auch die Gelegenheit gibt hinzufallen. Doch die wichtigste Eigenschaft des Hinfallens sollte man nie vergessen: Es bietet einem die Chance, wieder aufzustehen.

Als sie aus Moria fliehen, lässt Aragorn in seiner Hast Sam und Frodo zurück; er vergisst, dass sie beide verwundet sind. Gandalf wäre niemals so nachlässig gewesen, und als er seinen Fehler bemerkt, denkt Aragorn zweifellos auch daran. Er fühlt sich vollkommen unfähig, Gandalfs Platz einzunehmen, und doch muss er lernen, wie er die anderen leiten soll. Er hatte gehofft, Boromir nach Minas Tirith begleiten zu können, doch nun scheint es, als müsse er Frodo nach Mordor bringen.

Gandalf mag sich für entbehrlich genug gehalten haben, um sein Leben für die Gemeinschaft zu opfern, doch Aragorn sieht dies nicht so. Aber er erkennt, dass er ebenfalls unentbehrlich für die Gruppe wird, als er Gandalfs Mantel anzieht. Das bricht ihm ebenso das Herz wie Sam der Blick in Galadriels Spiegel, doch sein Herz ist nicht so sicher wie Sams oder vielmehr rebelliert er dagegen, denn sein Herz sagt ihm, dass er nach Minas Tirith gehen soll. Im Gegensatz dazu argumentiert sein Verstand, dass es grausam und feige wäre, Frodo allein nach Mordor zu schicken. Das ist zwar richtig, dennoch ist es niemals leicht, zwischen Pflicht und Berufung zu wählen. Aragorns Unentschlossenheit ist der Anfang vom Ende der Gemeinschaft.

Galadriels Prüfung hat in Boromir den Stolz seines Vaters und seines Volkes erweckt, und er gibt der Versuchung nach, die die ganze Zeit in ihm geschlummert hat. Er versucht, Frodo seinen Willen aufzuzwingen, verrät dessen Vertrauen und gibt dem Wahnsinn Raum. Er hofft auf die Stärke Gondors und nicht auf diesen Unsinn, der in Elronds Rat als Weisheit bezeichnet wurde. Er versucht Frodo von seiner Sichtweise zu überzeugen, und als Worte versagen, versucht er dem kleinen Hobbit den Ring abzunehmen, was Frodo dazu treibt, diesen aufzusetzen und zu verschwinden. Vor diesem Hintergrund erkennen wir erst die wahre Stärke von Gandalf und Galadriel, denn hier sieht man die Macht des Ringes in ihrem ganzen Ausmaß. Auch wenn er dem Ring nur eine kurze Weile nahe war, ist Boromir bereits zu der Überzeugung gelangt, dass er ihm gehören sollte. Dieser Versuchung hat Gandalf 80 Jahre lang widerstanden. Er hat ihren Ruf selbst dann noch von sich gewiesen, als ihm der Ring ganz offen angeboten wurde. Boromir hat trotz all seines Geredes von der Standhaftigkeit der Menschen nicht so viel Kraft.

Frodo flieht zum Amon Hen, dem Berg des Hörens und Sehens, wo er viele Dinge sieht. Doch sein eigener Blick wird unwiderstehlich nach Osten gelenkt, nach Barad-dûr, als er plötzlich spürt, wie das Auge des Dunklen Herrschers auf ihn aufmerksam wird und hungrig nach ihm zu suchen beginnt. Wie ein Echo der weisesten Stimme unter ihnen kommen ihm die Worte in den Sinn: „Nimm ihn ab! Nimm ihn ab! Narr, nimm ihn ab! Nimm den Ring ab!" (I, 483).

Gefangen zwischen der Stimme und dem Auge windet sich Frodo gequält am Boden, doch dann findet er wieder zu sich selbst, einem einfachen Hobbit; er nimmt den Ring ab und so wird das ultimative Versagen abgewendet – zumindest für eine Weile. Frodo begreift, dass die böse

Macht des Ringes bereits innerhalb der Gemeinschaft zu wirken begonnen hat, und er beschließt, die Gefahr von den anderen abzuwenden und allein nach Mordor aufzubrechen.

Boromir kehrt zu den anderen zurück und merkt gar nicht, in welche Gefahr er sie alle gebracht hat. Als er ihnen erzählt, dass Frodo den Ring angezogen hat und geflohen ist, geraten sie sofort in Panik und rennen in alle Richtungen davon, wobei sie laut Frodos Namen rufen. Aragorn kann sie nicht aufhalten; er schickt Boromir hinter Merry und Pippin her und kümmert sich selbst um Sam.

Boromir ist in der Lage, Befehle entgegenzunehmen, obwohl er als Sohn des Truchsess von Minas Tirith eher gewohnt ist, diese zu erteilen. Aragorn, obwohl von höherem Rang und edlerer Herkunft, ist in diesem Augenblick nicht so vernünftig. Er findet Sam rasch, lässt ihn aber ebenso schnell zurück, weil er von dem Wunsch übermannt wird, auf den Amon Hen zu steigen. Einerseits hofft er, Frodo dort zu finden; andererseits hatte ihn ein gewaltiger Stolz erfasst, als er die majestätischen Statuen seiner Vorfahren erblickte, die den Fluss bewachen.

Allein kommt Sam schnell wieder zu sich. Er versetzt sich in Frodos Lage und rennt zurück zu den Booten. Als er sieht, dass sich eines von ihnen scheinbar leer vom Ufer entfernt, springt er in den Fluss – ungeachtet der rauschenden Wassermassen, die er schon seit frühester Kindheit fürchtet. Frodo rettet ihn und versucht erfolglos, ihn zum Zurückbleiben zu überreden. Dies ist das letzte Versagen im zweiten Buch „Die Gefährten", doch dieser Misserfolg bringt Frodo zum Lachen. Sie fahren los, ganz und gar unberührt von der Tatsache, dass nun das Schicksal der ganzen Welt von der Klugheit, der Kraft und dem Ideenreichtum von zwei kleinen Hobbits abhängt.

Versagen ist das Ende von beinahe jedem guten Anfang. Gott selbst musste sich mit dieser Tatsache schon kurze Zeit nach der Vollendung der Schöpfung auseinander setzen. Doch das hat ihn nicht davon abgehalten, weiterzumachen und zu Ende zu bringen, was er angefangen hatte. Vielleicht ist das die größte Versuchung von allen – aufgeben, wenn unsere Pläne misslingen. Doch rückblickend kann man fast immer erkennen, wie bittere Enttäuschungen und Versagen am Ende zu größerem Erfolg geführt haben, als wir es eigentlich für möglich hielten.

> „Der Stein, den die Bauleute verworfen haben,
> ist zum Eckstein geworden."
> (Psalm 118,22–23)

Teil 3

Ein neuer Anfang

Drittes Buch:
Die zwei Türme

Kapitel 12

Buße

Versagen sollte niemanden überraschen. Was wirklich erstaunlich ist, ist, wenn ein Gefallener sich wieder aufrafft und weitergeht. Wenn wir uns weigern, uns der Verzweiflung hinzugeben, dann können unsere Fehler verziehen und unser Charakter wieder gestärkt werden. Es ist nicht möglich, so zu tun, als hätten wir nie versagt oder als könne man die Konsequenzen unserer Fehler rückgängig machen. Doch fast immer können wir sie bereuen und in der Hoffnung weitermachen, dass am Ende wirklich denen, die Gott lieben, alle Dinge zum Besten dienen müssen (Römer 8,28).

Boromir versagt nicht nur, er verrät die Gemeinschaft auch. Voller Stolz und Zutrauen in seine eigene Stärke wird er von der Anziehungskraft des Ringes übermannt und glaubt der Lüge, dass er ihm gehören müsste und dass er große Dinge mit ihm vollbringen könne. Dieses Ereignis lässt die Gemeinschaft zerbrechen und bedeutet beinahe das Ende der ganzen Unternehmung. Boromirs Fehler ist sehr gravierend, wie dieser gleich bemerkt, als er wieder bei Verstand ist. Trotzdem vertut er wertvolle Zeit mit Herumwandern, weil er sich zu sehr schämt, um zu den anderen zurückzugehen. Vielleicht hofft und fürchtet er, dass Frodo zu ihnen gelaufen ist und sie nun schon wissen, was er getan hat.

Bei all seinen Fehlern – seinem aufbrausenden Temperament, seiner mangelnden Kritikfähigkeit und seinem Stolz – ist er dennoch ein tapferer und ehrlicher Mensch. Er rennt nicht weg, um allein nach Minas Tirith zurückzugehen, wo er eine Geschichte erfinden könnte, um seine

Trennung von der Gemeinschaft zu erklären. Vermutlich würde man ihm eher glauben als den Aussagen eines Halblings. Doch stattdessen geht er zurück, um sich den Gefährten zu stellen. Er schluckt seinen Stolz hinunter, und obwohl er den anderen nicht alles offenbart, reichen seine Informationen aus, um sie in helle Panik zu versetzen. Alle rennen kopflos in verschiedene Richtungen davon und achten nicht mehr auf Aragorns Rufe. Boromir dagegen ist ein Soldat, und er wartet Aragorns Befehle ab, um ihnen dann zu folgen. Er holt Merry und Pippin ein und verteidigt sie mit seinem Leben.

Als Aragorn ihn findet, lehnt er, von vielen Pfeilen durchbohrt, an einem Baum. Sein Schwert ist zerbrochen, doch er hält es noch in der Hand. „Ich habe versucht, Frodo den Ring wegzunehmen. Es tut mir leid. Ich habe dafür bezahlt", sagt er (II, 14). Er berichtet, dass Merry und Pippin noch am Leben waren, als er sie zuletzt gesehen hat. Dann verabschiedet er sich: „Leb wohl, Aragorn. Geh nach Minas Tirith und rette mein Volk! Ich habe versagt." Aragorn, der vielleicht seinen wahren Kampf versteht, sagt ihm, dass er einen außergewöhnlichen Sieg errungen hat. Boromir lächelt und stirbt dann.

Das Bekennen unserer Sünden ist ein existenziell wichtiger Schritt zur Umkehr und aus Gottes Perspektive ist dies sogar schon genug: „Darum entschloss ich mich, dir meine Verfehlungen zu bekennen. Was ich getan hatte, gestand ich dir; ich verschwieg dir meine Schuld nicht länger. Und du – du hast mir alles vergeben!" (Psalm 32,5). Doch oft brauchen wir noch etwas anderes – eine Chance, um uns selbst wieder als würdig zu erweisen. Und manchmal gewährt uns Gott eine Gelegenheit dazu.

Buße hilft nicht immer demjenigen, an dem wir uns versündigt haben. Oft hilft sie sogar überhaupt niemandem. Wenn Boromir sich mit Aragorn zusammengetan hätte, hätten sie vielleicht gemeinsam viel schneller die Spur der Orks, die Merry und Pippin entführt haben, aufnehmen und diese befreien können. So wäre er eine größere Hilfe gewesen, doch stattdessen opfert er sein Leben für die Hobbits. Zu den Lebenden mögen wir sagen, dass ein solcher Akt der Buße nicht notwendig ist, dass Reue und Demut genügen. Doch für die Toten, die ihr Leben gelassen haben, um für ihre Sünden zu bezahlen, ist die Frage irrelevant, ob ihr Verhalten richtig oder falsch war. Boromir ist gut gestorben, während er die verteidigte, die unter seinem Schutz standen, und deshalb ist sein Tod ehrenvoll.

Ein Geschenk, das er Merry und Pippin damit hinterlässt, ist Bedeutsamkeit. Auch Gandalf hat ihnen allen dieses Geschenk gemacht. Doch Boromirs Gabe ist umso bedeutungsvoller, da sie sich ausschließlich auf die beiden jungen Hobbits bezieht. Boromir hat gehandelt, als seien ihre Leben wichtiger als seines. Natürlich waren sie auch vor dieser Tat bereits wertvolle Wesen, doch Boromirs Opfer hat sie veredelt und erhöht, und nun haben sie die Aufgabe, diesem Vorzeichen gerecht zu werden, damit Boromir nicht umsonst gestorben ist.

Aragorn hat ebenfalls versagt. Sein Stolz ist nicht so übermächtig wie der von Boromir, und seine Weisheit ist größer, aber auch er hat eine allzu menschliche Schwäche. Sowohl er als auch Boromir haben die Leute immer gern daran erinnert, dass die schwächeren und einfacheren Völker von Mittelerde längst ein schlimmes Ende genommen hätten, wenn sie sie nicht mit ihrer Stärke und Wachsamkeit beschützt hätten. Doch dort in der Wildnis gelingt es ihnen nicht einmal, auf vier dieser einfachen Leute aufzupassen – obwohl sie jeweils nur für zwei von ihnen verantwortlich waren! Boromir büßt für seinen Verrat mit seinem Tod; Aragorn muss den langen Weg gehen und mit seinem Leben bezahlen.

Wenn das Zerbrechen der Gemeinschaft ein Gutes hat, dann die Tatsache, dass Aragorns Herz „endlich deutlich spricht" (II, 20). Obwohl die Orks einen bedeutenden

Vorsprung haben, beschließt Aragorn nach Boromirs Begräbnis, dass er ihnen folgen will. Legolas und Gimli schließen sich ihm an, und zusammen machen sie sich auf den Weg – ein Mensch, ein Elb und ein Zwerg. Ihr Ziel ist es, einen großen Trupp Orks anzugreifen und entweder die Hobbits zu befreien oder bei dem Versuch umzukommen.

Unermüdlich eilen sie vorwärts, befreit vom Gewicht der Unsicherheit, der Pfad liegt klar und eindeutig vor ihnen. Mit jedem Meter fällt ein wenig mehr von der Scham und den Schuldgefühlen von ihnen ab, und innerhalb von vier Tagen sind ihre Seelen rein. Sie treffen auf die Rohirrim und bekommen von ihnen Pferde. Und in den Wäldern von Fangorn erteilt ihnen jemand die Absolution, den sie verloren geglaubt haben.

Buße ist harte Arbeit; das ist auch dem unbeteiligten Beobachter klar. Was weniger bekannt ist, ist die Tatsache, dass Buße auch große Freude mit sich bringt. Sie ist ein kreativer Prozess, in dessen Verlauf unsere Schwächen überwunden und unsere Fehler vergeben werden. Nachdem Petrus Jesus dreimal verraten hat, gibt ihm der auferstandene Herr die Chance, ihm dreimal seine Liebe und Hingabe zu versichern. Jedes Mal fordert Jesus ihn auf, für sein Volk zu sorgen, seine Schafe zu weiden. Und so wird Petrus' Schande aufgehoben.

Die Verfolgungsjagd der drei Gefährten hat keine direkte Auswirkung auf das Schicksal von Merry und Pippin, außer vielleicht, dass sie Pippins kostbare Brosche finden und ihm später wiedergeben. Doch sie stärkt die Jäger, härtet sie ab und reinigt sie – und sie führt sie rechtzeitig nach Edoras, wo sie in den Krieg ziehen.

Kapitel 13

Leid

Merry und Pippin haben wenig verbrochen, wofür sie büßen müssten. Ihre Schwächen sind bereits durch ihre bloße Anwesenheit in der verzweifelten Gemeinschaft mehr als ausgeglichen; sie kennen die großen Gefahren und sind trotzdem bereit, Frodo zu folgen, egal, was sie noch erwarten mag. Doch auch sie müssen gestärkt und gestählt und an den Ort gebracht werden, an dem sie am dringendsten gebraucht werden. Ihnen muss gezeigt werden, wie stark, einfallsreich und hart sie sein können. Und wie kann man diese Dinge anders lernen als durch Leid? „Wer dem Herrn treu bleibt, geht durch viele Nöte, aber aus allen befreit ihn der Herr" (Psalm 34,20). Nur durch Not und Leid erfahren wir, wer wir wirklich sind.

Als Pippin bei den Orks wieder zu sich kommt, fühlt er sich alles andere als stark oder einfallsreich, und er fragt sich, was er sich eigentlich dabei gedacht hat, Frodo zu begleiten. Er hat das Gefühl, bisher nur eine unnötige Belastung gewesen zu sein, „eine Last, ein Gepäckstück" (II, 51). Dies wird sich auch nicht auf wundersame Weise ändern, doch er tut, was er kann. Als ein Streit unter den Orks ausbricht und einer von ihnen auf Pippin fällt, gebraucht dieser die Waffe des Orks, um seine Fesseln durchzuschneiden. Er ist auch klug genug, die durchschnittenen Riemen um seine Hände liegen zu lassen, sodass nicht auffällt, dass er ungebunden ist. Es ist nicht der cleverste Trick, aber es ist immerhin ein Anfang.

Pippin beginnt von Merry zu lernen, zu welchen Taten ein Hobbit in der Lage ist. Ihm fällt ein, dass Merry vor seiner Gefangennahme mehreren Orks die Hände abgeschlagen hat. Und als ihm der Ork-Trank eingeflößt wird, steht Merry auf und „sah zwar blass, aber grimmig und trotzig aus" (II, 56). So wurden Hobbits bislang gewöhnlich nicht beschrieben!

Jetzt, wo Pippin wieder auf seinen eigenen felligen Füßen steht und mit seinem ersten Versuch zur Selbstrettung erfolgreich ist, wird er mutiger. Die Hoffnung, dass Streicher ihnen folgt, treibt ihn dazu, seine Brosche fallen zu lassen, sodass seine Verfolger wissen, dass sie nicht vergeblich suchen. Da er sonst nichts mehr hat, zögert er nicht, das einzig Wertvolle wegzuwerfen, was er besitzt – die Brosche, die Galadriel ihm gegeben hat. Die Geste scheint verschwendet zu sein, denn sein Verstand sagt ihm, dass die anderen mit Frodo weitergezogen sind. Er erhält als Strafe für seinen Mut einen Peitschenhieb, doch dies ist nur ein weiterer Schritt auf der Entdeckungsreise zu seiner inneren Stärke. Und wie Aragorn ihm später bestätigt, ist jemand, der sich im Notfall nicht von einem Schatz trennen kann, „in Fesseln" (II, 192).

Jeder erlebt Leid, doch es erfordert ein starkes Herz, Leid gut zu ertragen. Pippin verliert nie seinen gesunden Hobbitverstand, und er gibt sich auch nicht der Versuchung hin, seine Not als Ausrede für schlechtes Benehmen zu missbrauchen. Als die Orks ihnen Nahrung hinwerfen, isst er das harte Brot, aber nicht das Fleisch. „Er war ausgehungert, aber doch nicht so ausgehungert, um Fleisch zu essen, das ihm ein Ork zugeworfen hatte" (II, 58). Die Tatsache, dass er in den Händen der Orks grausam leidet, führt nicht dazu, dass er sich selbst wie ein Ork verhält, und so erhält er sich – wie Hiob – inmitten seiner Not seine Reinheit.

Als endlich die Reiter von Rohan zu ihnen aufschließen und der Ork Grischnákh anfängt, sie zu betatschen, geht Pippin ein letztes Wagnis ein. Mit einer klugen Subtilität, die weder er sich selbst noch Grischnákh ihm zugetraut hätte, deutet er an, dass er den Ring hat und dem

Ork geben wird, wenn dieser seine Fesseln löst. Die List hat nicht den gewünschten Effekt, ebenso wenig wie Aragorns Verfolgungsjagd, doch immerhin bewegt er Grischnákh dazu, sie wegzuschleppen. Als er getötet wird, können die Hobbits dank Pippins bereits lange vorher durchtrennten Fesseln unbemerkt dem Massaker entkommen.

Merry und Pippin waren bis dahin einfach Freunde von Frodo. Sie haben ihn zur moralischen Unterstützung begleitet, zeichneten sich aber nicht durch besondere Talente oder Fähigkeiten aus. Doch nun, Hunderte von Meilen vom Auenland entfernt, entdecken sie, dass sie die Kraft haben, eine Gefangenschaft bei den Orks zu überleben und ganz ohne Hilfe zu entkommen. Sie tun es nicht ganz allein – die Rohirrim kümmern sich um die Orks, und da ist auch diese geheimnisvolle Präsenz, die Pippin die Vision von Streicher eingibt und den Pfeil des Rohirrim so leitet, dass er Grischnákhs Hand durchbohrt. Doch die Hobbits wären nichts anderes als ein Haufen Knochen gewesen, vermischt mit denen der Orks, wenn sie nicht entdeckt hätten, dass auch sie stark und listig sein können, wenn Not am Mann ist.

„Denn wir wissen, dass Leiden zur Standhaftigkeit führt;
Standhaftigkeit aber führt zur Bewährung, und in der
Bewährung festigt sich unsere Hoffnung.
Diese Hoffnung aber gibt uns die Gewissheit, dass Gott
uns nicht fallen lässt."
(Römer 5,3–5)

Kapitel 14

Auferstehung

Wie kann es auch anders sein? Natürlich ist es Gandalf und nicht Saruman, dem die drei Jäger in Fangorn begegnen. Natürlich kann Gandalf unmöglich für immer verloren sein, noch bevor das erste Buch zu Ende ist. Der Zeittafel in Anhang B von „Der Herr der Ringe" zufolge kämpfte er zehn Tage gegen den Balrog und starb dabei tatsächlich. Beinahe drei Wochen vergingen, bevor er auf dem Gipfel des Berges Celebdil wieder zum Leben erwachte, und noch einmal drei Tage, bevor Gwaihir der Adler ihn fand und nach Lothlórien brachte. Er möchte nicht über die Wege sprechen, auf denen sein Geist in dieser dunklen Zeit gereist ist, doch er sagt: „Nackt wurde ich zurückgeschickt – für eine kurze Zeit, bis meine Aufgabe erfüllt ist" (II, 119).

Gandalfs Begabungen sind außergewöhnlich, doch seine Liebe zu den gewöhnlichen Tugenden ist groß, und eine seiner größten Stärken ist die Fähigkeit, solche Alltagstugenden in anderen zu wecken und zu bestärken. Sein Tod und seine Auferstehung haben seine Lebensfreude und Fröhlichkeit noch verstärkt, ebenso auch seine Selbstsicherheit und Macht. Er erteilt Aragorn die Absolution für seine Fehler bei der Führung der Gefährten, indem er sagt: „Du hast unter Zweifeln den Pfad gewählt, der der richtige schien: die Entscheidung war gut und ist belohnt worden. Denn so haben wir uns rechtzeitig getroffen, die wir uns sonst vielleicht zu spät getroffen hätten" (II, 117).

Auferstehung ist wie die Selbstaufopferung eine Erfahrung, die nur wenige im wahrsten Sinne zu erleben berufen sind. Doch ab und zu bekommen wir vielleicht eine Ahnung davon – immer dann, wenn wir aus unseren dumpfen Tagträumen aufwachen und begreifen, dass wir uns mitten in einem großartigen Abenteuer befinden und viel mehr Macht erhalten haben, als wir denken.

König Théoden hat wie so viele von uns lange Zeit unter dem Einfluss von Lügengeschichten gelebt, den Lügen, dass er schwach und alt sei und nichts anderes mehr tun könne, als das Wenige zu bewahren, was ihm noch geblieben ist. Gandalf kommt in der Absicht zu ihm, dem alten König ein wenig von seinem neuen Leben abzugeben. Er verbietet Gríma Schlangenzunge den Mund und lädt Théoden zu einem Spaziergang ein. Dann zeigt er ihm den Sturm, den Schlangenzunge ihn zu fürchten gelehrt hat. Doch es gibt dort draußen auch Licht und Gandalf flüstert dem alten König neue Hoffnung zu. Er rät ihm, seine Krücke wegzuwerfen und stattdessen wieder ein Schwert zu ergreifen – und den Vertrauenswürdigen mehr zu vertrauen als dem Unaufrichtigen.

Diese einfachen Taten verwandeln Théoden von einem Tattergreis zurück in einen Kriegerkönig. Die Essenz dieser gewöhnlichen Form von Auferstehung ist folgende: „Trauer und Furcht abschütteln. Die nächstliegende Tat tun" (II, 138).

Es ist uns beinahe unmöglich, uns selbst aufzuwecken. So fest wir auch am eigenen Schopf ziehen, wir werden uns kaum vom Boden heben können. Wir brauchen Hilfe, jemanden, der uns wachrüttelt, der die trügerischen Stimmen um uns her als das erkennt, was sie sind – Diener des Feindes –, und ihnen den Mund verschließen kann. Jemanden, der uns die Situation zeigt, wie sie wirklich ist. In beiden Fällen kommt die Information von einer äußeren Quelle, aber es gibt eine Möglichkeit, die vertrauenswürdigen Stimmen von den Lügnern zu unterscheiden. Die Wahrheit ist, dass die Lage sehr ernst ist, dass es aber Hoffnung gibt; die Lüge ist entweder, dass es gar keine

Lage gibt oder dass es keine Hoffnung gibt. Der Lügner flüstert uns ein, dass es nichts gibt, was wir tun können. Der Vertrauenswürdige sagt uns, dass das Bisschen, das wir zu geben haben, dringend gebraucht wird.

Merry und Pippin haben ihre eigene kleine „Auferstehung" erlebt, obwohl es nicht die erste war. Sie sind wieder aufgewacht, nachdem sie drei Tage lang von einer Bande Orks mitgeschleppt wurden, ebenso wie sie von Tom Bombadil aufgeweckt wurden, nachdem der Alte Weidenmann sie im Griff hatte, und auch nach der Episode in den Hügelgräbern. Dabei haben sie entdeckt, dass ihre Hoffnungen nicht vergeblich waren. In wundersamer Doppelung treffen sie auf einen Verwandten des Weidenmanns, einen Ent namens Baumbart, doch während der Weidenmann sie in den Schlaf lullte, gelingt es Merry und Pippin, Baumbart aufzuwecken.

Die Ents sind kein hastiges Volk. Darin ähneln sie ein wenig den Hobbits. Doch wenn sie einmal in Wallung geraten, sind sie mächtige Wesen. Baumbart hat lange über das Böse nachgedacht, das er in seiner Umgebung am Werk sah: Bäume wurden gefällt und zum Verrotten liegen gelassen, Orks streiften offen durch seine Wälder. Ganz langsam ist er immer wütender geworden, doch bis zur Ankunft der Hobbits hat er noch nichts unternommen. Merry und Pippin wecken ihn mit einer ganz simplen Methode: Sie erzählen ihm eine Geschichte. Es ist ihre eigene Geschichte, und obwohl sie einiges auslassen, kommt Baumbart zu dem Schluss: „Da ist etwas sehr Wichtiges im Gange" (II, 83).

Das Wenige, was sie ihm über Saruman sagen können, füllt die Lücken in seinem eigenen Wissen, und er begreift, dass der Zauberer versucht, sich selbst als Schlüsselfigur in diesem „Wichtigen" einzusetzen, was auch immer dies ist. Einfach über all dies zu sprechen und seine lange gehegten Gedanken in Worte zu fassen, lässt einen gewaltigen Zorn in Baumbart aufkommen. „Verflucht soll er sein, Wurzel und Ast!", ruft er und schlägt auf den Tisch, dass die Lichtgefäße Flammen spucken. „Ich bin träge gewesen. Ich ließ die Dinge laufen. Das muss aufhören!" (II, 85). Zorn, eine der am meisten vernachlässigten Tugenden (zumindest in unserer westlichen Kultur), ist manchmal der fehlende Schlüssel zu unseren unerweckten Grabkammern.

Baumbart geht nun hin, um die anderen Ents aufzuwecken, und außerdem noch einen ganzen Wald von Huorn-Bäumen. Als direkte Folge ihrer Leiden unter den Orks haben die beiden jungen Hobbits nun also die einzige Macht in Mittelerde auf den Plan gerufen, die eine echte Bedrohung für die Orks und für Isengart darstellt.

Jeden Morgen (oder wann immer wir aufstehen) geschieht eine Art Auferstehung mit uns, doch viele von uns wachen nie völlig auf. Trockene Alkoholiker sprechen von einem „klaren Moment", wenn der lange Albtraum ihrer Sucht schließlich als das enthüllt wird, was er wirklich ist. Jeder, der sich längere Zeit im Griff einer hartnäckigen Sünde befunden hat, erlebt vermutlich etwas Ähnliches. In der Gnade eines solchen Moments erhalten wir eine vielleicht letzte Chance, endlich aufzuwachen und die Dinge zu tun, von denen wir schon lange vermuteten, dass sie getan werden müssen.

Es ist leicht, nur halb bei Bewusstsein durch unser Leben zu gehen und immer auf bessere Zeiten zu warten, dabei aber nie zu erreichen, was wir uns erhofft haben. Eine Weile ist das akzeptabel, obwohl es in unserem eigenen Interesse kaum wünschenswert ist. Doch wenn die Zeit zum Aufwachen gekommen ist, werden wir es merken, und dann ist es an uns zu entscheiden, ob es die Sache wert ist. Werden wir die Kraft ergreifen, die wir in uns tragen, und das Böse bekämpfen, das wir lange nur träge beobachtet haben?

Doch wir sollten unsere Taten durchdenken, bevor wir uns hineinstürzen. Schließlich gibt es keinen Grund zur Hast, wie Baumbart sagen würde, nicht wahr?

Kapitel 15

Demut

Demut spiegelt sich zum Teil in dem Akt wider, wenn wir jemandem oder etwas einen wahren Namen geben oder diesen empfangen. Ein wahrer Name ist weder der, den uns der Stolz anhängen will, noch der, der aus Schuldgefühlen und Scham an uns haftet. Zwar enthalten auch diese Namen ein Körnchen Wahrheit über uns, aber sie sind nicht alles.

Gríma, Sarumans Schüler, erinnert Théoden immer wieder an sein fortgeschrittenes Alter, an seine Müdigkeit und das Wenige, das getan werden kann. Damit füttert er Théoden mit Namen, die dieser langsam annimmt und für wahr zu halten beginnt. Gandalfs Heilungsmethode besteht ganz einfach darin, Théoden seinen wahren Namen zurückzugeben: König Théoden.

Gandalf entlarvt Grímas Lügen und zwingt ihn, sich auf dem Bauch zu winden. Das ist kein grausamer Scherz oder eine Schikane von Gandalf, denn gleichzeitig ordnet er auch an, Gríma ein Pferd zu geben und zu beobachten, in welche Richtung er davonreitet. „Nach seiner Entscheidung könnt Ihr ihn beurteilen" (II, 141). Demut ist nicht dasselbe wie Kriecherei, und Gandalf in seiner Weisheit ist in der Lage, wahre Namen zu verleihen. Théoden nennt er folglich „König" – und Gríma „Schlangenzunge".

Als er Aragorn den Palantìr gibt, überrascht Gandalf alle, indem er niederkniet und sagt: „Empfangt ihn, Herr, als Vorboten anderer Dinge, die zurückgegeben werden sollen" (II, 229). Obwohl Gandalf seinen eigenen wahren Namen kennt und obwohl er weitaus mehr Größe besitzt als alle anderen, unter denen er wandelt, zwingt er anderen sein Macht nicht auf, sondern beugt das Knie vor dem König.

Gandalf und Saruman werden Zauberer genannt, doch dies ist nicht ihr wirklicher Titel. Ihre Macht ist groß und geheimnisvoll, und sie sind sich größtenteils ebenbürtig, doch Gandalfs Vorteil liegt in seiner Fähigkeit, die Wahrheit zu sprechen. Sarumans Macht dagegen besteht in der Fähigkeit, die Wahrheit verdrehen und andere von seinen Lügen überzeugen zu können. Wenn diejenigen, die Böses im Schilde führen, gedemütigt werden, zerbricht ihr Zauber. Dies wird dramatisch in der Begegnung zwischen Saruman und Gandalf geschildert, als Gandalf sich selbst „der Weiße" nennt und Saruman einen Narren, der einst der Herr des Rats der Weisen gewesen ist. Und dann beraubt Gandalf Saruman seiner Farbe.

Eine Auswirkung von Sarumans Zauberei besteht darin, dass sie alle anderen Stimmen außer seiner eigenen schrill und grob klingen lässt. Gimli, der Erste, der auf Sarumans freundlich klingende Verzauberung antwortet, ist ein wenig durch die natürliche Rauheit seiner eigenen Stimme geschützt. Daher klingt die Wahrheit, die er ausspricht, in den Ohren der anderen nicht ganz so fremd und unglaubwürdig. Théoden in seiner neu entdeckten Demut ist in der Lage, Saruman zu antworten: „Ein unbedeutender Sohn großer Vorfahren bin ich, aber ich habe es nicht nötig, Euch die Hand zu lecken" (II, 212). Théoden hat seinen wahren Namen angenommen und Sarumans Lügen haben keine Macht mehr über ihn.

Wie Galadriel schon gezeigt hat, ist Lachen eines der Hauptwerkzeuge der Demut. Während Saruman versucht, Gandalf dazu zu bringen, den Namen Stolz anzunehmen, scheint es allen Anwesenden nur natürlich, dass die beiden Großen sich in den Turm zurückziehen, um dort über Dinge zu sprechen, die für das gemeine Volk zu hoch sind. So groß ist die Macht von Sarumans letztem Aufbäumen, dass sogar Théoden davon überzeugt ist, dass Gandalf sie verraten wird. Doch: „Dann lachte Gandalf. Das Trugbild verschwand wie ein Rauchwölkchen" (II, 213).

Demut ist eine schwierige Tugend, wie C. S. Lewis so eindrucksvoll in „Dienstanweisung für einen Unterteufel" schreibt. Auch mir sind ihre Windungen und Wendungen nur allzu vertraut, und während ich diese Kapitel schrieb, kamen mir Zweifel an der Berechtigung dieses Buches. Wie der Teufel Screwtape schreibt: „Alle Tugenden verlieren für uns an Schrecken, sobald sich der Mensch ihres Besitzes bewusst wird. Das trifft ganz besonders auf die Demut zu" („Dienstanweisung für einen Unterteufel", S. 61).

Würde es Tolkien gefallen, dass ich sein Werk so auseinander nehme und die Tugenden entblöße, die sich darin verbergen? Halte ich mich selbst für einen solchen Experten auf dem Gebiet der Tugenden, dass ich es wage, ein solches Buch zu schreiben? Wenn diese Fragen in meinem Kopf zu kreisen beginnen, versuche ich, an Gandalfs Lachen und an Screwtapes Warnung an seinen Neffen Wormwood zu denken, solche Fragen nicht zu weit zu treiben, „sonst weckst Du seinen Sinn für Humor und Proportionen, und er wird dich höchstens auslachen und zu Bett gehen" („Dienstanweisung für einen Unterteufel", S. 61).

Kapitel 16

Weitsicht

Gandalf sieht nach Osten und macht eine merkwürdige Aussage: „Ich bin Gandalf, Gandalf der Weiße, aber noch ist Schwarz mächtiger" (II, 116). Diese Bemerkung erinnert an die Eröffnungsverse des Johannesevangeliums: „Das Licht scheint in der Dunkelheit, und die Dunkelheit hat es nicht überwunden" (Johannes 1,5).

Was so interessant ist, ist die Tatsache, dass man im Grund vom Licht mehr erwartet, als dass es sich nur nicht von der Dunkelheit überwältigen lässt. Sollte nicht das Licht die Finsternis besiegen? Gott ist allmächtig; er ist der Schöpfer des Universums, und deshalb muss das Licht, das ihn repräsentiert, mächtiger sein als die Dunkelheit, die sein Gegner ist. In Mittelerde und auch bei uns kommt die Dunkelheit herangekrochen, wenn das Licht des Tages schwindet. Doch draußen im All, in den unendlichen Weiten, die wir das Universum nennen, ist alles schwarz, und die Sterne in all ihrer Pracht, jeder so groß wie unsere Sonne, sehen klein und schwach aus im Vergleich zu dieser Schwärze.

Gott hat sich die Schwachen auserkoren, seine Sache zu vertreten. Und in seinem Arsenal der schwachen Waffen ist die Weitsicht eine seiner stärksten.

Die Weitsicht ist in der natürlichen Ordnung von Mittelerde jederzeit präsent. Als der ultimative Ausdruck der Macht des Lichtes kommt der Sonne während des großen Abenteuers eine besondere Bedeutung zu. Als die Jäger die Orks verfolgen, sagt Legolas: „Doch gebt nicht alle Hoffnung auf. Das Morgen ist unbekannt. Rat wird oft gefunden bei Sonnenaufgang" (II, 32). Und tatsächlich treffen sie am nächsten Morgen auf Éomer und seine Reiter. In der Schlacht an Helms Klamm greift Aragorn Legolas' Worte auf: „Dennoch ist die Morgendämmerung immer die Hoffnung der Menschen" (II, 159). Als der Morgen kommt, steht er auf den Mauern der Hornburg und betrachtet das Schlachtfeld und die Orks, die seine Hoffnung belachen. Doch dann brechen Théoden und Aragorn zum letzten Kampf auf und in diesem Moment heißt es: „Licht wurde der Himmel. Die Nacht verging" (II, 164). Das Licht enthüllt den Weißen Reiter, versetzt die Orks in Angst und Schrecken und treibt sie in den wartenden Wald der Ents, aus dem keiner von ihnen je zurückkommt.

Im Laufe der Geschichte scheint auch das Wetter einen aktiven, beinahe lebendigen Part zu spielen, manchmal einen Bösen und manchmal einen Guten. In der Literaturwissenschaft nennt man so etwas „pathetischer Betrug"; hier ist es der Beweis, dass die ganze Welt an dem Kampf teilnimmt.

Die Weitsicht wirkt auch durch unsere eigenen Entscheidungen. Obwohl Merry und Pippin zu Anfang tatsächlich nicht viel mehr als Gepäckstücke sind, entpuppen sie sich schließlich doch als wirksame Werkzeuge. Indem sie Boromir eine Gelegenheit zur Buße geben, rechtfertigen sie Gandalfs Vertrauen, und schon allein aus diesem Grund ist er froh, dass sie mit den anderen aus Bruchtal aufgebrochen sind.

Sie kommen gerade zur rechten Zeit in Fangorn an, um die Ents aufzuwecken, ohne die Rohan vielleicht die Schlacht an Helms Klamm verloren hätte. Saruman hätte dann nur unter viel größeren Opfern überwältigt werden können. Pippin begeht zwar einen Fehler, indem er in den Palantír schaut, aber damit bewahrt er Gandalf davor, dasselbe zu tun. Selbst unsere Fehler können mächtige Instrumente der Vorsehung sein!

Doch Gandalf sagt, dass sie „durch einen glücklichen

Zufall, wie man das nennt", gerettet worden seien. „Du kannst nicht ein zweites Mal darauf rechnen" (II, 228). Als Gandalf Aragorn den Palantír anvertraut, warnt er ihn davor, ihn voreilig zu gebrauchen. Aragorn wirft protestierend ein, dass er noch nie voreilig gewesen sei, doch Gandalf sagt: „Dann strauchelt nicht am Ende des Wegs" (II, 229). Die Vorsehung ist eine mächtige Waffe, ähnlich wie die „Schwäche" Gottes, doch wie Paulus der Gemeinde in Philippi schreibt: „Arbeitet an euch selbst in der Furcht vor Gott, damit ihr gerettet werdet! Ihr könnt es, denn Gott gibt euch nicht nur den guten Willen, sondern er selbst arbeitet an euch, damit seine Gnade bei euch ihr Ziel erreicht. Tut, was Gott gefällt, ohne Wenn und Aber!" (Philipper 2,12–13). Es ist Gottes Werk, aber er hat uns eingeladen, daran teilzuhaben und darauf zu vertrauen, dass er alles zu einem guten Ende bringt – aber nicht in der Art und Weise auf diese „Sicherheit" zu vertrauen, dass wir selbst nichts mehr tun.

Die zahlreichen Schlachten des Alten Testaments werden auf verschiedene Arten gewonnen oder verloren, doch Gott hat den Ausgang immer unter Kontrolle. Der rote Faden, der sich durchs Alte Testament zieht, ist die Erkenntnis, dass derjenige, der sein Vertrauen auf Gott setzt, Erfolg haben wird – ob mit vielen oder wenigen Soldaten, ob mit klugen Strategien oder durch Gesang. Oder indem man einfach marschiert, brüllt und Posaunen bläst wie in Jericho (vgl. Josua 6) – und an Helms Klamm! Der Sieg gehört dem Herrn.

Hier muss ich hervorheben, dass Weitsicht streng genommen keine Tugend ist. Ich schließe sie trotzdem ein, weil ich sie für eine Tugend Gottes halte, wenn Sie so wollen. Sie ist eine Facette seiner unermüdlichen Hingabe an diese Welt, die er geschaffen hat und die er um keinen Preis dem Bösen überlassen will. Sie ist auch eine Facette seiner Weisheit, seiner Hoffnung und seiner Freude.

Jeden Tag findet rund um uns her etwas Seltsames statt: Das Böse verdirbt gute Dinge, wenn es seine bösen Absichten verfolgt, und das Gute verwandelt Böses in noch Besseres. Das Licht ist wirklich stärker, doch wo das Böse sich nach Herrschaft und Zerstörung ausstreckt – manchmal sogar der eigenen –, möchte das Gute immer die Errettung, selbst für Dinge und Personen, die unrettbar verloren scheinen.

Unerwartete Hilfe

Viertes Buch:
Die zwei Türme

Kapitel 17

Vertrauen

Frodo und die Gefährten sind die Hüter eines mächtigen Geheimnisses. Doch sie stehen im Dienst der Wahrheit, und so werden ihnen im Gegenzug nach und nach, abhängig von ihrer wachsenden Weisheit, Dinge enthüllt. Galadriel erzählt Frodo zum Beispiel, dass sie die Hüterin von Nenya ist, einem der Drei Elbenringe, von denen niemand sprechen darf. Galadriel ist nicht der Meinung, dass dies vor dem Ringträger verborgen bleiben sollte.

Von allen Geschenken, die sie den Gefährten macht, ist dies das kostbarste, denn wenn man uns Vertrauen entgegenbringt, wächst unsere Vertrauenswürdigkeit. Wenn uns jemand sein Geheimnis anvertraut, fühlen wir uns geehrt und wichtig. Vertrauen baut unsere Seele auf und zeigt uns, dass wir mit unseren Bürden nicht allein sind, sondern dass es andere gibt, die neben uns stehen, in demselben Krieg kämpfen und dasselbe Ziel verfolgen.

Gleich nachdem sie die Gefährten verlassen haben, kommen Sam und Frodo an eine glatte Felswand und wissen nicht, wie sie hinuntergelangen können. Sie verbringen Tage damit, nach einem Abstieg zu suchen, und beinahe geben sie die Hoffnung auf, einen zu finden. Doch Frodo sagt: „Es ist mein Schicksal, glaube ich, zu diesem Schatten da drüben zu gehen, so daß sich ein Weg finden wird. Aber wird Gut oder Böse ihn mir zeigen?" (II, 240).

Allein haben die beiden Hobbits weniger Chancen, den Schicksalsberg zu finden, als Dante hatte, die finsterste Hölle zu entdecken. Sie brauchen einen Führer, und weil Frodo alle Freunde außer Sam zurückgelassen hat, muss er sich in den Reihen der Feinde nach Hilfe umsehen.

So geschieht es, dass Frodo sich entschließt, bei jemandem Hilfe zu suchen, der nicht Teil der Gemeinschaft des Rings ist – und dass er sich ausgerechnet für Gollum entscheidet. Sam kann es nicht fassen, dass sein Herr tatsächlich mit diesem Geschöpf nach Mordor gehen will. Gollum ist bekanntermaßen ein Freund der Orks, und wenn der Feind nur den Hauch einer Ahnung von ihrem Vorhaben bekommt, ist alles verloren. Frodo weiß um all das, und doch entscheidet er sich, die Wahrheit nicht zu verbergen.

Sméagol reagiert darauf, indem er die Hände auf die Ohren presst und zischt, „als ob ihm eine solche Freimütigkeit und das offene Aussprechen der Namen weh tue" (II, 254). Alle guten Dinge tun Gollum weh; das Licht der Sonne und des Mondes; alles, was Elben angefertigt haben; selbst die simple Wahrheit. Frodos unerwartete Ehrlichkeit bringt ihn jedoch gegen seinen Willen dazu, ebenso ehrlich zu antworten, als Frodo ihn fragt, ob er schon in Mordor gewesen sei – obwohl er gleichzeitig versucht, es abzustreiten.

Jesus sagt seinen Zuhörern: „Liebt eure Feinde; tut denen Gutes, die euch hassen; segnet die, die euch verfluchen, und betet für alle, die euch schlecht behandeln" (Lukas 6,27–28). Bevor Frodo Gollum traf, konnte er diesen Gedankengang nicht verstehen, doch seit er das Auenland verlassen hat, hat er die Wirkung des Ringes am eigenen Leib erfahren, aber auch an Leuten wie Boromir, der ihn nicht einmal berührt hatte. Er hat begonnen, das Gewicht des Ringes zu spüren, und gemerkt, wie schwierig es ist, seiner Versuchung zu widerstehen. Auch den Schrecken des suchenden Auges von Mordor hat er kennen gelernt. Daher kennt er nun die Kräfte, die Gollum entstellt haben, und daher kann er Mitleid für ihn empfinden.

Frodos Vertrauensbeweis hat eine unmittelbare Wirkung auf Gollum. Seine Stimme verändert sich, und die beiden Hobbits sehen die ersten Hinweise darauf, dass tief innen in Gollum noch der alte Sméagol verborgen ist. Sméagol war einmal ein Wesen, das einem Hobbit sehr ähnlich war, doch die Macht des Rings und die vielen Jahre, die er im Berg verbracht hat, haben ihn entstellt. Der Ring hat seine Seele und seinen Körper zerfressen und ihn in die grausame Karikatur eines Hobbits verwandelt, ebenso wie einige der Elben von Saurons Meister Melkor entstellt wurden und zur Rasse der Orks wurden (erzählt im „Silmarillion").

Gollum ist völlig abstoßend, er steckt mit den Orks unter einer Decke, und es gibt sogar einen Hinweis darauf, dass er Blut trinkt und Kinder frisst (I, 80). Sauron selbst hat ihn gefoltert und ihm den Auftrag gegeben, den Ring zu finden und ihn nach Barad-dûr zurückzubringen. Ihn als nicht sehr vertrauenswürdigen Führer zu bezeichnen wäre noch eine Untertreibung. Er ist die Verkörperung des Allerschlimmsten, was aus einem Hobbit werden kann.

Doch Gandalf ist davon überzeugt, dass Gollum noch nicht unrettbar verloren ist. Vor langer Zeit, in Frodos Wohnzimmer in Beutelsend, erzählte er von dem Rätselspiel zwischen Bilbo und Gollum:

> „Es gab einen kleinen Winkel in seinem Herzen, der ihm noch gehörte, in den Licht eindrang wie durch eine Ritze im Dunkeln: Licht aus der Vergangenheit. Es war für ihn, glaube ich, geradezu angenehm, wieder eine freundliche Stimme zu hören, die Erinnerungen an Wind und Bäume und Sonne auf dem Gras und an derlei vergessene Dinge heraufbeschwor" (I, 76).

Frodo setzt auch weiterhin sein Vertrauen in die Vorsehung, die ihn bisher durch alle Gefahren geleitet hat, und er belastet sich nicht damit, Gollum ständig zu überwachen, wie Sam es versucht. Er folgt Gollum einfach durch die Todessümpfe und mitten durch die Tore von Mordor und dann weiter zum Turm von Cirith Ungol und in den schrecklichen Tunnel hinein.

Wie Gandalf vermutete, scheinen Vertrauen und Freundlichkeit noch immer die Macht zu haben, Gollums Herz zu erreichen, denn dort, bevor sie die Höhle betreten, schleicht Gollum zu den beiden schlafenden Hobbits. Wir können seine Gedanken nicht lesen, aber das grüne Funkeln der Bosheit verlässt seine Augen.

> „Hätte einer der Schläfer ihn sehen können,
> dann würden sie für einen flüchtigen Augenblick
> geglaubt haben, einen alten, müden Hobbit zu
> erblicken, zusammengeschrumpft unter der Last
> der Jahre, die ihn weit über seine Zeit hinaus-
> gebracht haben, über Freunde und Verwandte
> hinaus und die Felder und Bäche der Jugend,
> ein altes, verhungertes, bemitleidenswertes
> Geschöpf" (II, 373).

Als er Frodos Knie berührt, ist es beinahe eine Liebkosung.

Doch dann wacht Sam auf und spricht ihn grob an und der Moment geht vorüber. Das grüne Funkeln kehrt zurück und Sméagols letzte Chance zur Umkehr ist dahin. Ohne die Begegnung mit Frodo wäre allerdings eine solche Chance nie gekommen.

In den Psalmen freut sich David immer wieder darüber, dass er nicht im „Rat der Bösen" gesessen hat. Jesus dagegen hat mit allen möglichen Sündern verkehrt und gegessen. Gollum ist eine schlechtere Gesellschaft als der übelste Sünder: Er ist schleimig, hinterlistig, egozentrisch und völlig unfähig zu irgendwelchen positiven Gefühlen; außerdem hat er widerliche Essgewohnheiten. Doch Frodo ist unerbittlich freundlich zu ihm. Hierin beweist er mehr als in allem anderen, dass er der Macht des Ringes widerstehen kann. Er hält an seinem Glauben fest, erinnert sich an seine eigenen Schwächen und wehrt die Versuchung ab, Gollum zu hassen.

Kapitel 18

Vertrauenswürdigkeit

Faramir gegenüber ist Frodo reservierter und erzählt ihm nur, dass er ein Feind des Bösen ist. Dann bittet er darum, allein gelassen zu werden. Seit dem Vorfall mit Boromir ist er Menschen gegenüber misstrauisch geworden.

Im Licht seines unangemessenen Vertrauens in Gollum scheint dieses Verhalten seltsam, doch was Frodo bislang über die Menschen erfahren hat, bestätigt seine seltsame Logik. Gollum hat den Ring beinahe 500 Jahre lang bei sich getragen, und trotzdem ist er längst nicht so verblasst wie die neun Ringgeister, die einst Menschen waren. Von allen Völkern, denen einer der Ringe der Macht gegeben wurde, sind nur die Menschen ganz dem Bösen und dem Dienst an Sauron verfallen. Für Frodo sind Menschen ebenso fremdartig, wie es für uns ein Hobbit wäre, wenn wir ihm heute im Wald begegnen würden. Die einzigen Menschen, die er persönlich kennt, sind Streicher und Boromir (Gandalf sieht zwar aus wie ein Mensch, ist aber keiner), und Streicher gegenüber war er zunächst auch misstrauisch.

Faramir sagt viele gut klingende Dinge, zum Beispiel, dass er nur wünscht, den Weißen Baum von Gondor wieder blühen zu sehen und die Stadt voller Licht und Frieden, „nicht eine Gebieterin über viele Hörige, nein, nicht einmal eine gütige Herrin williger Höriger" (II, 321). Krieg mag notwendig sein, doch Faramir erklärt, dass er ihn nicht mag, sondern nur zur Verteidigung in den Kampf zieht.

Als er all das hört, ist Frodo versucht, Faramir sein Herz auszuschütten, doch etwas hält ihn zurück, und er denkt:

„Besser unverdientes Mißtrauen als unbesonnene Worte" (II, 321).

Faramir ist ein Mensch, dem Gandalf all seine Namen anvertraut hat, selbst den, bei dem er im Westen genannt wurde, als er jung war – Olórin –, und der sonst nirgendwo in der Trilogie erwähnt wird (II, 319). Dies allein sollte für Frodo und Sam ein Hinweis sein, dass Faramir ihr Vertrauen verdient hat. Doch sie bleiben vorsichtig, bis sein offensichtlicher Respekt vor den Elben Sam dazu bringt, sich für ihn zu erwärmen und seine Schutzmauern abzubauen.

Sam hat nicht einmal einen Bruchteil von Gandalfs Weisheit, doch im Herzen ist er Gandalf ebenbürtig – vielleicht als Einziger in ganz Mittelerde. Wie auch immer; in der Dummheit seines Verstandes und der Weisheit seines Herzens enthüllt er Faramir das Geheimnis von Isildurs Fluch, und Faramirs Vertrauenswürdigkeit wird auf die Probe gestellt. Wie Éomer sagt er: „Wir sind aufrichtig, wir Menschen von Gondor. Wir rühmen uns selten und handeln dann oder sterben bei dem Versuch" (II,332). Er versichert ihnen, dass sie nichts von ihm zu befürchten haben.

Jetzt, wo Faramir bewiesen hat, aus welchem Holz er geschnitzt ist, kann Frodo sich nicht länger zurückhalten. Er erzählt Faramir, dass er den Auftrag erhalten hat, den Ring ins Feuer des Schicksalsberges zu werfen. „Gandalf hat das gesagt. Ich glaube nicht, daß ich jemals dorthin gelange" (II, 333). Und dann bricht er vor Erschöpfung zusammen.

Als sie Frodo zum Bett tragen, macht Sam Faramir ein Kompliment: „Ihr habt die Gelegenheit ergriffen, Herr", sagt er (II, 333).

‚„Habe ich das getan?', fragte Faramir.

‚Ja, Herr, und euren Wert bewiesen: den Höchsten!'" (II, 334).

Als Faramir am Teich fragt, was mit Gollum geschehen

soll, steht Frodo wiederum vor derselben Entscheidung wie damals in den Hügelgräbern. Mit einem Wort könnte er Gollum für immer los sein, doch er entdeckt, dass er Gollums Tod ebenso wenig verantworten kann, wie er damals hätte fliehen und seine Freunde zurücklassen können.

Gollum reagiert nicht gerade dankbar auf Frodos Freundlichkeit, denn er fühlt sich betrogen. Doch Frodo bereut seine Entscheidung dennoch nicht. Er hat in einer schwierigen Situation das Bestmögliche getan und sein Gewissen ist rein. Es ist viel wichtiger, dass man vertrauenswürdig *ist*, als dass man so *aussieht*. Diese Lektion hat er vor einiger Zeit von einem finster aussehenden Mann namens Streicher gelernt ...

Faramir hat sich als absolut vertrauenswürdig erwiesen; trotzdem wünscht er, er könne Frodo die Last der Vertrauenswürdigkeit abnehmen: „(Denn) es erscheint weniger verwerflich, einem anderen Mann zu raten, die Treue zu brechen, als es selbst zu tun, besonders wenn man sieht, wie ein Freund, ohne es zu wissen, in sein Verderben rennt" (II, 346). Treue ist eine mächtige Tugend, die einen festen Charakter erfordert, doch andere unter ihrem Gewicht taumeln zu sehen, lässt uns ebenso viel Mitleid wie Respekt empfinden. Wenn wir die Gelegenheit haben, einem solchen Treuen einen Rat zu geben, tun wir gut daran, Gandalfs Bemerkung im Hinterkopf zu behalten, dass selbst die Weisen nicht alles sehen.

Sogar Gollum sehnt sich danach, das Vertrauen anderer zu verdienen. Sowohl Faramir als auch Frodo befragen ihn nach Tirith Ungol, doch er kann sich einfach nicht überwinden, ihnen zu sagen, dass der Weg unbewacht ist, obwohl es seinen Verrat erleichtern würde, wenn sie dies glaubten. Er ist hin- und hergerissen, und obwohl er einen bösen Plan hat, hat er sich noch nicht ganz dazu entschieden, diesem Plan auch zu folgen. Er wünscht sich vielleicht, ein vertrauenswürdiger Führer zu sein, für den Fall, dass die Sméagol-Seite in ihm letztlich gewinnt. Und er möchte das Vertrauen nicht enttäuschen, das Frodo in ihn gesetzt hat, weil es das erste Mal seit Jahrhunderten ist, dass ein gutes Wesen ihm vertraut.

Die meisten von uns fallen vermutlich in die Kategorie derer mit geteilter Loyalität. Wir möchten Gutes tun, doch wir haben auch dunkle Seiten in uns. Wir sind nicht sicher, ob wir diesen wirklich Raum geben wollen, und deshalb versuchen wir, beides zu machen – und tun beides halbherzig. Jesus sagte: „Niemand kann zwei Herren dienen" (Matthäus 6,24). Doch obwohl wir unsere Sünde verabscheuen, sind wir ihr dennoch ausgeliefert, und die Zeit, in der wir dies noch ändern können, ist schneller abgelaufen, als wir denken.

Sam ist wie immer der treueste der Freunde. Beim Marsch durch die Totensümpfe, als alle drei Wanderer das Gewicht des Bösen nur allzu deutlich spüren, auf das sie sich zubewegen, passiert Folgendes: „Sam war hauptsächlich mit seinem Herrn beschäftigt und bemerkte kaum die dunkle Wolke, die auf sein eigenes Herz gefallen war. Er ließ Frodo jetzt vor sich gehen, hatte ein wachsames Auge auf jede seiner Bewegungen, stützte ihn, wenn er strauchelte, und versuchte, ihm mit unbeholfenen Worten Mut zuzusprechen" (II, 273). Sams Gärtnerherz bewegt ihn dazu, Frodo zu beschützen, wie ein Bauer seine Pflanzen mit seinem eigenen Körper vor einem Hagelsturm abschirmen würde.

„Verfolgt nicht eure eigenen Interessen, sondern seht auch auf das, was den anderen nützt" (Philipper 2,4). Wenn wir diesen Ratschlag beherzigen, stellen wir oft fest, dass unsere Kämpfe nicht zu schwierig sind, um sie zu ertragen. Treue gegenüber anderen macht ironischerweise unser eigenes Leben leichter. Diese Wahrheit ist in der Praxis schwierig umzusetzen, doch sie ist umso lohnender, egal, ob das Objekt unserer Treue nun ein geliebter Herr ist, wie Frodo für Sam, oder eine rebellische

Kreatur wie Gollum, der trotzdem einmal zum Guten erschaffen wurde.

Wir können diese Wahrheit in „Der Herr der Ringe"
erkennen, doch wie sollen wir erfahren, ob diese Wahrheit auch außerhalb von Mittelerde gilt – wenn wir es
nicht selbst ausprobieren?

Weisheit

Eine der Fähigkeiten, die der Ring verleiht, ist die Gabe des zweiten Gesichts. Indem er den Ring an sich bringt, hofft Sauron, die Gedanken derer offen legen zu können, die die anderen Ringe tragen, und die Geheimnisse seiner Feinde zu durchschauen. Sauron möchte für andere unsichtbar sein und doch fähig, alles zu sehen. Er ist das Auge, lidlos und brennend. Doch ohne den Ring muss er sein Tun durch eine Finsternis verbergen, durch die noch nicht einmal er selbst blicken kann. Darum braucht er den Ring. Und selbst dann wäre es noch nicht perfekt, denn der Ring versetzt den Träger einen halben Schritt in eine andere Welt, eine geistige Daseinsstufe, von der aus die gewöhnliche Welt schattenhaft und düster aussieht.

Einen Teil der Macht des zweiten Gesichts hat Frodo schon allein dadurch bekommen, dass er den Ring besitzt. Er ist fähig, den Charakter und die Motive anderer besser zu beurteilen als normale Leute. Doch die Visionen, die der Ring schenkt, sind nicht immer vertrauenswürdig. Manchmal, wenn Frodo das Gefühl hat, dass der Ring in der Gefahr steht, ihm weggenommen zu werden, sieht er seine Freunde plötzlich als neidische Monster.

Wahre Weisheit ist die Fähigkeit, Dinge so zu sehen, wie sie wirklich sind. Dies ist eine Gabe, die der Ring nicht verleihen kann. Frodos Weisheit muss aus einer anderen Quelle kommen. Doch es ist interessant, dass Frodo eher bereit ist, Gollum zu vertrauen als Faramir. Seine Einsichten sind klug, doch sie werden von einem anderen Willen als dem seinen gesteuert, ähnlich wie beim Orthanc-Stein. Und wenig von dem, was er sieht, gibt ihm neue Hoffnung.

Faramirs Urteilsfähigkeit ist von der rein menschlichen Sorte, was aber nicht zwangsläufig heißt, dass sie von Sünde verdorben ist. Obwohl er den Auftrag hat, jedes Geschöpf in Ithilien zu töten, das nicht mit Gondors Billigung dort ist, vertraut er seiner eigenen Weisheit genug, um die Hobbits zuerst anzuhören, bevor er entscheidet, was mit ihnen zu tun ist. Er ist in der Lage, vieles von dem zu erahnen, was Frodo ungesagt lässt, und als er merkt, dass er gewissen Themen zu nahe kommt, die besser noch unausgesprochen bleiben, steuert er von sich aus die Konversation in seichtere Gefilde. Seine Weisheit wird in allem offenbar, was er tut. Doch obwohl er die Hobbits schon beinahe an der Grenze nach Mordor trifft, errät er nicht, welches Ziel sie haben. Das ist ein Zeichen der Hoffnung, denn wenn Faramir keine Ahnung von ihrer Mission hat, dann wird auch Sauron nicht den Hauch eines Verdachts hegen.

Ein Vorteil, den das Gute gegenüber dem Bösen hat, ist die Tatsache, dass die Guten, die Weisheit besitzen, das Böse verstehen können, weil sie selbst Böses in sich tragen. Die Bösen dagegen haben sich vom Guten abgewendet und alles abgelegt, was gut in ihnen war. Sie sind daher der Meinung, dass es nichts Gutes gibt, höchstens das, was ihnen selbst dient. Da sie sich aber trotzdem für weise halten, gehen sie davon aus, dass sie, wenn es ein „höheres Gut" gäbe, dies längst erkannt und für sich in Besitz genommen hätten. Da sie also nicht an ein höheres Gut glauben, werden sie für die Guten transparent, gleichzeitig aber selbst blind für das Gute, was (für seine Gegner) ein wunderbares „Problem" für Saurons Absichten mit dem Ring bedeutet.

Weisheit hat in ihrem Wesen nicht zwangsläufig viel mit Intelligenz zu tun, mit der Fähigkeit zum strategischen Denken oder dem großen Durchblick. Weisheit ist eine

Herzensangelegenheit. Dies macht Faramir deutlich, wenn er zu Sam sagt: „Dein Herz ist nicht nur treu, sondern auch hellsichtig und sah klarer als deine Augen" (II, 332).

Als Sam Frodo nach Kankras Stich für tot hält, steht er einen wirklich schrecklichen inneren Kampf aus. Sein Verstand sagt ihm, dass er allein weitergehen und den Auftrag zu Ende bringen muss, der größer ist als die Hingabe an seinen Herrn. Er ist zu demütig, um auf die Idee zu kommen, dass die Vorsehung genau deshalb ihn und keinen anderen dazu auserkoren hat, Frodo zu begleiten. Doch Frodo scheint tot zu sein und das Schicksal von ganz Mittelerde hängt von der Zerstörung des Ringes ab. Also entscheidet er gegen sein Herz, nimmt den Ring und die Phiole von Galadriel und macht sich allein auf den Weg hinein nach Mordor.

Ein herzzerreißender Anblick und ein Irrtum, denn Frodo ist nicht tot. Doch auch dieser Fehler hat seinen Sinn, denn so gerät der Ring einmal mehr außer Reichweite des Feindes ...

Kapitel 20

Hoffnung

In dem Moment, in dem Frodo das Ödland vor dem Schwarzen Tor betritt, verlässt ihn auch das letzte bisschen Hoffnung, das er noch hatte. Die Entscheidung, entweder das Tor zu überwinden oder Gollum nach Cirith Ungol zu folgen, scheint fast unsinnig: „Und wenn beide zu Schrecken und Tod führten, welchen Wert hatte dann eine Entscheidung überhaupt?" (II, 289).

Glücklicherweise ist Sam bei ihm, der noch voller Hoffnung ist. Als sie beobachten, wie eine Armee durch das Tor marschiert, sieht Sams einfaches Gemüt keinen Grund zur Verzweiflung, sondern schlichtweg eine Gelegenheit, einen Olifanten zu sehen. Das Olifanten-Gedicht, das er zum Besten gibt, bringt Frodo zum Lachen – „und das Lachen hatte ihn von der Unschlüssigkeit befreit" (II, 292).

Alle Lebewesen kennen den Kampf um die Hoffnung. Nur vor dem Morannon, dem Schwarzen Tor von Mordor, vergeht alles Leben und alle Zuversicht. Doch als sie nach Ithilien kommen, wo es vergleichsweise schön und lebendig ist, hebt sich die Laune der Hobbits bedeutend. „Gollum hustete und würgte; aber die Hobbits atmeten tief, und plötzlich lachte Sam, aus Herzenslust, nicht wegen eines Scherzes" (II, 296).

Auf dem Weg zum Scheideweg sehen sie eine Reihe alter Bäume.

> „Als sie näher kamen, sahen sie, daß es Bäume
> von riesigem Umfang waren, sehr alt schienen
> sie zu sein, und immer noch ragten sie hoch auf,

wenngleich ihre Wipfel dürr und abgebrochen
waren, als ob Sturm und Blitz über sie hin-
weggefegt waren, sie indes nicht zu töten oder
ihre unergründlichen Wurzeln zu erschüttern
vermocht hatten" (II, 357).

Als sie den Scheideweg erreichen, scheint das letzte
bisschen Tageslicht, das sie für eine ganze Weile sehen
werden, auf den herabgefallenen Kopf einer Statue – und
auf die lebendige Natur, die diesem König wieder eine
Krone verleiht:

„Die Augen waren hohl und der heraus-
gemeißelte Bart beschädigt, aber die hohe,
strenge Stirn schmückte eine kleine Krone aus
Silber und Gold. Eine rankende Pflanze mit
Blüten wie kleine weiße Sterne hatte sich über
die Brauen geschlungen, als wollte sie dem
gefallenen König Ehrerbietung bezeugen, und in
den Spalten zwischen seinem steinernen Haar
schimmerte gelber Mauerpfeffer" (II, 358).

Frodo verleiht dieser Anblick neue Hoffnung und er sagt:
„Sie können nicht auf immer siegen!" (II, 358).
    Dann kommen sie ins Morgul-Tal und sehen die gigan-
tische Armee, die von dort auszieht. Frodos kleines
Hoffnungsflämmchen erlischt sofort:

„,Ich bin zu spät dran. Alles ist verloren.
Zu lange säumte ich unterwegs. Alles ist
verloren. Selbst wenn mein Auftrag ausgeführt
wird, wird niemand es erfahren. Niemand wird
da sein, dem ich es sagen kann. Es wird
vergebens sein.' Übermannt von Schwäche
weinte er. Und immer noch zog das Heer von
Mordor über die Brücke" (II, 364).

Inmitten der größten Taten können uns plötzlich Schuld-
gefühle befallen, die uns weismachen wollen, dass das
alles nicht genug ist, dass wir noch viel mehr hätten tun
sollen und dass wir die Bedeutung unserer Aufgabe unter-
schätzt haben und nun alles zu spät ist.

Von Schwäche überwältigt, bricht Frodo zusammen
und verschläft sogar den Ausmarsch der feindlichen Truppen. Als er aufwacht, erkennt er:

> „Die Verzweiflung war nicht von ihm gewichen,
> aber die Schwäche war vorbei. Er lächelte sogar
> grimmig, denn er empfand jetzt ebenso klar, wie
> er einen Augenblick zuvor noch das Gegenteil
> empfunden hatte, daß er nämlich das, was er zu
> tun hatte, tun mußte, wenn er konnte, und daß es
> unwichtig war, ob Faramir oder Aragorn oder
> Elrond oder Galadriel oder Gandalf oder sonst
> jemand es je erführe" (II, 365).

Hoffnung ist mehr als ein Gefühl. Sie ist eine Entscheidung, und selbst inmitten der Verzweiflung können wir
immer noch den Weg wählen, der uns weiterführt. Es gibt
keine größere Hoffnung!

Kapitel 21

Vorstellungskraft

Als sie im Eingangsbereich von Kankras Höhle zusammensitzen, führen sich Frodo und Sam vor Augen, in was für einer abenteuerlichen Geschichte sie da stecken und wie die Leute sich wohl in den kommenden Jahren darüber unterhalten werden. Das schenkt ihnen Hoffnung und korrigiert ihre pessimistische Sichtweise ein wenig, und Frodo muss tatsächlich lachen, „lange und klar und aus Herzensgrund. Ein solches Geräusch war in diesen Gegenden nicht gehört worden, seit Sauron nach Mittelerde kam" (II, 370).

Die Hobbits werden von dem Gefühl begleitet, nicht allein zu sein, sondern eine Art stummes Publikum zu haben. Andere sind vor ihnen da gewesen und auch nach ihnen werden wieder andere kommen. Die Taten, die wir jetzt vollbringen, wirken sich in beide Richtungen aus und werden die Opfer derer würdigen, die zuerst kamen und denen den Weg ebneten, die nachfolgen.

Kurze Zeit später lehnt sich Sam über Frodos Körper und nimmt an, dass sein Herr tot ist. Er versucht, weiter im Sinne der Geschichte zu denken, von der er ein Teil ist. Bisher ist er eine unterstützende Randfigur gewesen und diese Rolle ist noch recht sicher. Es gibt wenig Druck und keine Einsamkeit. Man tut einfach sein Bestes für seinen Freund. Doch nun ist dieser Freund fort und die Aufgabe ist noch immer unvollendet. Sam sitzt inmitten der Finsternis von Mordor, wo keine andere Seele ist. Noch einsamer könnte er nicht sein. Bei jeder anderen Gelegenheit, bei der er sich hin- und hergerissen fühlte (und davon gab es viele!), hatte er sich immer dafür entscheiden können, an Frodos Seite zu bleiben. Doch nun steckt er in einer Sackgasse. An Frodos Seite zu sterben wäre sinnlos. Rache an Gollum zu nehmen scheint ihm zuerst verlockend, doch dann wird ihm klar, dass auch das Frodo nicht zurückbringen würde.

Gandalf hatte angenommen, dass Gollum noch eine wichtige Rolle zu spielen haben würde, und Sam hatte schon früher das Gefühl gehabt, dass es „noch etwas zu tun gebe, ehe alles vorbei ist" (II, 393). Er tut so lange, wie es eben geht, nichts, und dann lässt er Frodo zurück, nimmt Stich und die Phiole, streift Frodo die Kette mit dem Ring vom Hals und macht sich auf den Weg. Ununterbrochen sagt er sich selbst, dass er seine Entscheidung selbst gefällt habe, obwohl sie vollkommen wider seine Natur ist.

In Mordor gibt es keine Hoffnung und die beiden Hobbits befinden sind genau an der Grenze dieses Landes. Sie stehen vor ihrer letzten Chance aufgeben und beide bekommen Gelegenheit dazu. Diese Prüfung ist weit größer als die Galadriels, doch sie haben wirklich die Wahl. Wenn sie nicht nach Mordor gehen wollen, müssen sie es nicht. Wenn sie das Dunkle Land einmal betreten haben, führt jedoch kein Weg mehr zurück.

Sie bestehen die Prüfung. Sie stellen die Zukunft der Welt über ihre eigenen Interessen und wählen die Hoffnung, obwohl die Verzweiflung über ihrem Kopf zusammenschlägt. Wenn sie an diesem Punkt gescheitert wären, hätten sie es ohnehin nicht bis zum Schicksalsberg geschafft. Doch sie bewältigen diese Situation, und es gibt Hoffnung, dass sie ihren Auftrag schaffen können.

Vorstellungskraft ist das Herzstück von Mittelerde. Aus diesem Grund kommen wir immer wieder dorthin zurück. Mittelerde zeigt uns nicht, wie wir leben sollen, sondern wie es sein *könnte*. Es erinnert uns daran, was schön und wichtig im Leben ist, denn trotz all unserer technischen und sozialen „Verbesserungen", ist Mittelerde fast unverändert – nur die anderen Wesen sind verschwunden. In unserer Welt sind nur noch die Menschen übrig; allenfalls die Steine erinnern sich noch an die Elben und Zwerge und vielleicht sogar an die Hobbits. Doch es gibt auch bei uns Freunde, Hingabe, große Taten, die vollbracht werden wollen. Und sie müssen vollbracht werden, wenn die Vorstellungskraft irgendeinen Wert haben soll. Tagträume sind sinnlos, wenn sie nicht zum Handeln führen!

Gibt es nicht mehr genug Helden auf der Welt? Werden Sie selbst einer! Lehnen Sie den Ring der Macht ab, verlassen Sie Ihr Zuhause, Ihre Familie und alle bis auf einige wenige Freunde. Und wenn Sie mitten in der Verzweiflung stecken und denken, dass es dumm war, überhaupt loszugehen, wenn das Ziel sich als unerreichbar erwiesen hat, denken Sie an Frodo und Sam am Eingang der Höhle, die sich gegenseitig Geschichten erzählen und sich vorstellen, wie ihre eigenen Erlebnisse wohl einmal klingen, wenn sie am Feuer erzählt werden. Dann nehmen Sie Ihre Sachen und gehen mitten hinein in den dunklen Tunnel. Wahrscheinlich erwartet Sie dort drinnen etwas wirklich Schlimmes, doch vertrauen Sie darauf, dass Sie ein Teil eines größeren Ganzen sind und dass das wirklich Wichtige nicht Ihr persönlicher Erfolg ist, sondern dass Sie es zu einem guten Ende bringen; einem Ende, das einer Geschichte würdig ist und das die Menschen wieder und wieder hören möchten – selbst wenn es niemanden gibt, der Ihre Geschichte erzählen könnte. Lassen Sie die Engel davon reden und vor Staunen in Ehrfurcht die Hände heben!

Der gute Kampf

Fünftes Buch:
Die Rückkehr des Königs

Kapitel 22

Unterordnung

Als sie auf die Menschenkönige stoßen, sind Merry und Pippin unschlüssig, wem sie nun dienen sollen. Pippins Interesse an Denethor ist ironischerweise durch Stolz motiviert, obwohl er auch Boromirs Andenken ehrt. Merry hingegen empfindet plötzliche Zuneigung zu dem alten König Théoden. Die Unterschiede zwischen den beiden jungen Hobbits spiegeln die zwischen den beiden Königen wider. Denethor ist stolz, befindet sich jedoch am Rand der Verzweiflung, während Théoden in aller Demut neue Hoffnung schöpft. Dennoch dient keiner der Hobbits wirklich den Menschenkönigen, sondern dem, was diese jeweils repräsentieren: Ehre, Ruhm und gute Haushalterschaft.

Unterordnung ist gewöhnlich eine zweigleisige Beziehung. Théoden und Denethor unterstehen selbst auch etwas Höherem. Gandalf erhält einen wichtigen Verbündeten, als er Théoden dazu ermutigt, sich seiner Rolle als König wieder unterzuordnen. Doch er verliert auch einen, als er Denethor an die Grenzen seiner Autorität als Truchsess erinnert.

Für Merry und Pippin schließt diese Unterordnung jedoch keinen blinden Gehorsam mit ein. Sie gebrauchen ihren gesunden Hobbitverstand und ihre Einfachheit, um Entscheidungen nach ihren eigenen Herzen zu fällen. So kommt es, dass Merry mit Dernhelm in den Krieg zieht, ohne dass der König ihm dies befohlen hat. Und Pippin verlässt seinen Posten und tut, was er kann, um Faramir zu retten. Weil sie es wagen, ihren Dienst einer größeren Sache zu unterstellen als menschlicher Autorität, gelingt es Pippin, Faramir zu retten, und Merry rettet Éowyn. Die beiden Menschenkinder wären sonst vielleicht gestorben, ohne sich jemals begegnet zu sein.

Éowyn ist keine so willige Untertanin wie Merry und Pippin und doch dient sie bereits ihr ganzes Leben lang. Sie hat unter demselben Lügengebäude gelitten wie Théoden, und nun, da sie frei ist, möchte auch sie in die Schlacht ziehen. Doch Théoden befiehlt ihr, in seiner Abwesenheit das Land zu regieren. Sie will von Aragorn wissen:

„Darf ich nicht jetzt, da es scheint, dass sie nicht mehr straucheln, mein Leben so verbringen, wie ich es will?'

‚Wenige dürfen das in Ehren tun', antwortete er" (III, 60).

Sie wirft ihm vor, dass er sie nur auf ihre Rolle als Frau reduzieren will. Doch das stimmt nicht. Aragorn weigert sich lediglich, den Befehl eines anderen Königs zu untergraben. Er ist traurig, dass sie nicht mitkommen kann, doch „nur diejenigen, die ihn gut kannten und nahe bei ihm waren, sahen den Schmerz, den er litt" (III, 61).

Für viele von uns ist Unterordnung wie ein Käfig, eine Erfahrung, die auch Éowyn gemacht hat, und die Entscheidung, ob man aus ihm ausbrechen will oder nicht, kann eine Qual sein. Am Ende lässt Éowyn ihr Volk führerlos zurück und reitet, als Mann verkleidet, mit den Rohirrim, Merry an ihrer Seite. Ihre Motivation ist zweifelhaft, und ihre Entscheidung wird nicht in Demut getroffen, sondern aus der Sehnsucht nach Ruhm und Ehre heraus. Schon vor langer Zeit wurde vorhergesagt, dass der Herr der Ringgeister nicht von der Hand eines Mannes getötet werden würde, und so scheint es Éowyns Schicksal zu sein, dass sie ihn überwältigen und nach Gondor gehen muss. Ist ihre Entscheidung richtig oder falsch? In solchen Momenten begreifen wir, warum die Elben so ungern einen Rat erteilen!

Faramirs Unterordnung unter die Autorität seines Vaters ist voller ehrlicher Hingabe, aber dennoch sehr schwierig. Denethor ähnelt ein wenig Saruman und bezichtigt sowohl Gandalf als auch Faramir des übertriebenen Stolzes und der Torheit. Dennoch lebt Faramir die Lügen seines Vaters nie aus, obwohl sie sicherlich in seinem Herzen schwären. Er handelt stets weise und demütig, genau wie Gandalf, und er hat unter seinen Leuten den Ruf, ein guter und gerechter Führer von Mensch und Tier zu sein. Trotz all der Beschuldigungen seines Vaters bleibt er beherrscht, und obwohl er bereits dem Schrecken der Nazgûl begegnet ist, spricht er wie das Echo von Frodo in Elronds Rat: „Ich widersetze mich deinem Wunsch nicht, Vater. Da du Boromirs beraubt bist, will ich gehen und tun, was ich an seiner Statt vermag – wenn du es befiehlst" (III, 98) – selbst wenn das bedeutet, wieder auf die Nazgûl zu treffen, was natürlich auch geschieht.

Selbst Saurons Diener wissen etwas über Unterordnung und Demut. Der Befehlshaber des Turms von Barad-dûr, der den Heerführern des Westens vor den Toren von Mordor gegenübertritt, hat seinen eigenen Namen vergessen, seine Identität verloren und ist nichts anderes mehr als Saurons Mund. Dies ist eine entstellte Form der Unterwerfung, denn die Diener des Höchsten sind dazu berufen, in der Unterordnung unter ihn noch mehr sie selbst zu werden. Doch Unterordnung ist in ihrem Wesen gut und kann nicht ganz und gar zum Bösen verkehrt werden. Zu Anfang war Sauron selbst ein Diener. Er war in jeder Hinsicht grausam und böse, und nur die Tatsache, dass er einem anderen diente als sich selbst, machte ihn etwas besser als seinen Meister.

Von allen Völkern Mittelerdes fällt es den Menschen am schwersten, sich dem Guten unterzuordnen. Unterordnung ist eine der höchsten Tugenden, die wir erwerben können; doch wenn sie die einzige Möglichkeit wäre, die Dinge zu einem guten Ende zu bringen, hätte Gott seine

Meinung längst ändern und doch alle Menschen wieder mit einer Sintflut vom Angesicht der Erde spülen müssen! Denn keiner von uns ordnet sich gern unter, und doch wird Gott alles nehmen, was wir zu geben bereit sind, und daraus das machen, was seinem Willen dient. So gebührt die Ehre ihm, und es gibt nichts, dessen sich einer von uns rühmen könnte.

Kapitel 23

Haushalterschaft

Gandalf offenbart Denethor:

> „Kein Reich beherrsche ich, weder Gondor noch
> irgendein anderes, ob groß oder klein. Doch alles,
> was Wert hat in der Welt, so wie die Dinge jetzt
> liegen, das steht unter meinem Schutz. Und ich
> für mein Teil werde mit meiner Aufgabe nicht
> ganz scheitern, sollte Gondor auch zugrunde
> gehen, wenn irgend etwas diese Nacht übersteht,
> das noch gut werden oder Furcht tragen oder in
> zukünftigen Tagen wieder blühen kann. Denn
> auch ich bin ein Truchseß. Wußtet ihr das nicht?"
> (III, 28–29).

Legolas und Gimli gehen durch die Straßen von Gondor
und sprechen darüber, was ihre Völker tun werden, falls
sie Sauron besiegen. Die Elben werden Vögel und Bäume
bringen und sich um die Gärten kümmern. Und die
Zwerge werden die Dienste von Steinmetzen anbieten
und sich um die Steine kümmern.

Hier und heute, ohne Zauberer, Elben und Zwerge, fällt
die gute Haushalterschaft für all diese Dinge an uns.

Ghân-buri-Ghân ist der Anführer eine Gruppe von
Männern, die ein noch einfacheres Dasein führen als die
Hobbits. Sie hausen wie wilde Tiere und leben ganz im
Rhythmus der Natur. Ghân-buri-Ghân kann die Tageszeit
erkennen, obwohl sich der Schmutz von Mordor von
Horizont zu Horizont zieht. Er bemerkt auch den gerings-
ten Windwechsel weit eher als selbst der empfindsamste

der Rohirrim. Diese wilden Menschen haben keinen Drang danach, in den Krieg zu ziehen, doch wie bei den Ents ist auch in ihnen ein immer größerer Hass gegen die Orks und ihren zerstörerischen Einfluss auf alles Lebendige gewachsen. Wenn es irgendetwas Gutes am Krieg gibt, dann ist es aus ihrer Sicht die Hoffnung darauf, dass diese Zerstörung zu einem Ende kommt.

Als Mose den Israeliten die Grundbegriffe der Kriegsführung nahe bringt, gibt er ihnen die Anweisung, nicht wahllos Bäume zu fällen: „Oder sind etwa die Bäume auf dem Feld eure Feinde, sodass ihr sie bekämpfen müsst?" (Deuteronomium 20,19). So etwas ist Ork-Machwerk und doch ist es heute unter uns nur allzu verbreitet. Wir sprechen von den Dingen, die aus der Erde kommen (seien es Pflanzen, Steine oder Öl) als „Ressourcen". Doch ihr eigentlicher Zweck ist nicht unsere Versorgung mit Essen, Wohnraum oder Energie, so gut diese Dinge auch sein können. Abgesehen von ihrer Verwendbarkeit, sind sie bereits in sich wertvoll.

Alle Autorität, die wir besitzen, wurde uns geschenkt. Und damit ist sie begrenzt. Gandalf hält Denethor vor Augen: „Ihr seid nicht befugt, Truchseß von Gondor, die Stunde eures Todes zu bestimmen" (III, 142). Denethor hat den Titel eines Truchsess inne, doch er hat vergessen – oder nie gewusst! –, was dies wirklich bedeutet. Am Ende sieht er die Verzweiflung und kann nicht lachen. Er hat die Hoffnung vollkommen verloren und möchte seinem Sohn die Qualen der Niederlage ersparen, indem er ihn tötet, bevor er dem Feind in die Hände fällt. Dies ist eine schreckliche, entstellte Form der Liebe, und das einzig Gute, das daraus entsteht, ist die Tatsache, dass Faramir dann schließlich derjenige ist, der Aragorn die Krone überreicht. Denethor in all seinem Stolz hätte vielleicht Aragorns Rechte angefochten und auf irgendeine Weise Ärger gemacht, und es ist unwahrscheinlich, dass er dies überlebt hätte.

Wenn Jesus jemanden heilte, sagte er oft begleitend dazu: „Deine Sünden sind dir vergeben" (z. B. Markus 2,5), denn Heilung betrifft nicht nur unser körperliches Wohlergehen. Der Einfluss der Bösen verletzt uns am Tiefsten, was wir zum Beispiel in der Geschichte sehen, als Pippin den Palantír benutzt oder als Merry, Éowyn und Faramir vom Schwarzen Atem befallen werden.

Das größte Geschenk, das ein König seinem Volk machen kann, ist Heilung. König David unterwarf alle umliegenden Länder und befriedete sie, damit sein Sohn Salomo den Tempel bauen und in Frieden leben konnte. Aragorn, der die Pfade der Toten durchwandert hat, kommt siegreich nach Gondor und bringt dem Volk Leben.

Aragorn benutzt *Athelas*, um seinen Segen zu spenden. Das Kraut hat wenig Macht, außer um verunreinigte Luft zu klären und Kopfschmerzen zu mildern. Doch in den Händen des Königs berührt sein Duft die Seele und bringt Heilung für Körper und Geist. Weil wir die von Gott eingesetzten Verwalter der natürlichen Welt sind, kann uns diese Natur dienen – nicht nur durch Heilpflanzen, sondern auch einfach durch ihre Schönheit, Frische und simple Freude. Diese Dinge haben einen heilsamen Einfluss auf unsere Seele.

Kapitel 24

Mut

Kampf und Krieg sind die Gelegenheiten, bei denen man am ehesten an Mut denkt, doch oft ist Mut im Kampf einfach nur die einzige Alternative zum Tod. Im Grunde erfordert es mehr Mut, überhaupt auf dem Schlachtfeld zu erscheinen.

Nicht, dass ich darüber Bescheid wüsste. Sicher, ich bin ab und zu schon mutig gewesen. Ich habe aus Scham über frühere Feigheit gelernt, für die aufzustehen, die gehänselt werden, selbst wenn ich dabei schlecht wegkomme und keine Dankbarkeit ernte. Doch ich musste nie in einen Krieg ziehen, ein traumatisches Erlebnis überstehen oder einen wirklichen Notfall meistern. Ich habe nie mein Leben für jemanden riskiert, der in physischer Gefahr war. Deshalb stammt mein Wissen über wahren Mut aus Büchern und Filmen.

Wenn wir eine gute Geschichte lesen, setzen wir uns automatisch an die Stelle der Protagonisten. Wenn wir ganz in dem Abenteuer aufgehen und jemand, über den wir lesen, großen Mut beweist, kann es uns so vorkommen, als wären wir selbst so mutig. Eines der besten Beispiele dafür ist die Stelle in „Der Herr der Ringe", in der geschildert wird, dass Merry den König der Nazgûl angreift.

Theoden ruft: „Auf, Eorlingas! Fürchtet keine Dunkelheit!" Sein Pferd wird von einem Pfeil durchbohrt und begräbt ihn unter sich, und der Nazgûl „brachte Verderben, verwandelte Hoffnung in Verzweiflung und Sieg in Tod". Merry kriecht auf allen vieren „wie ein verstörtes Tier". Neben ihm ist „Dernhelm, der junge;

seine Treue war über Furcht erhaben, und er weinte, denn er hatte seinen Herrn wie einen Vater geliebt". Dernhelms Lachen entlarvt, dass er in Wahrheit Éowyn ist. Merry öffnet die Augen, und „Mitleid erfüllte sein Herz und großes Staunen, und plötzlich erwachte der schwerentflammbare Mut seines Geschlechts. Er ballte die Hände. Sie sollte nicht sterben, so schön, so verzweifelt! Zumindest sollte sie nicht allein sterben, ohne Hilfe" (III, 128).

Der zersplitterte Schild, der gebrochene Arm, der Doppelschlag und der schrille Klagelaut des Ringgeistes – Merry vollbringt die größte Tat neben der des Ringträgers selbst. „Und da stand Meriadoc der Hobbit inmitten der Erschlagenen und blinzelte wie eine Eule im Tageslicht, denn er hatte die Augen voll Tränen" (III, 129).

Unendlich weit weg scheint jetzt die Zeit in Bree, als Merry einen Spaziergang machen wollte und schon allein von dem Atem eines dieser Schwarzen Reiter bewusstlos wurde! Vor den Ereignissen auf dem Schlachtfeld war er ein leichtes Opfer für den Unhold der Hügelgräber gewesen und hatte sich vom Alten Weidenmann verzaubern lassen. Doch als er den letzten seiner Gefährten hinter sich gelassen hatte, um Théoden zu folgen, konnte Aragorn von ihm sagen: „Er weiß nicht, welchem Ziel er entgegenreitet; doch wenn er es wüßte, er würde dennoch gehen" (III, 55).

Dem Unbekannten ins Auge zu blicken, auch wenn man sich innerlich windet, unsicher oder einfach nur völlig verängstigt ist – das ist Mut!

Doch Mut ist nicht nur erforderlich, wenn man gefährliche Taten vollbringen muss. Als der geflügelte Schatten das Verhängnis über den Menschen von Gondor ankündigt, sitzen Pippin und Beregond auf den Mauern und nehmen an, dass ihr Ende naht. Dann blickt Pippin auf; die Sonne steht noch immer am Himmel, der Wind weht noch – und er sagt: „Nein, mein Herz will noch nicht verzweifeln. Gandalf ist gestürzt, und doch ist er zurückgekehrt und bei uns. Wir mögen standhalten, wenn auch nur auf einem Bein oder wenigstens noch auf unseren Knien" (III, 38).

Später, als die beiden wieder zusammen auf der Mauer stehen und der Schatten nochmals kommt, sagt Beregond: „Schöpft Mut und schaut! Da sind grausame Wesen unten" (III, 88). Es braucht Mut, um solche Dinge auch nur anzusehen, ohne alle Hoffnung zu verlieren.

Mut scheint zu gleichen Teilen aus Mitgefühl, Staunen, Hoffnung und Glauben zu entstehen und ist ab und zu mit einem guten Schuss Zorn vermischt. Mut ist eine alltägliche Tugend, die auf die Spitze getrieben wurde. Aus einem Mitgefühl ähnlich dem von Merry für Éowyn weigern sich Bilbo, Gandalf und Frodo nacheinander, Gollum zu töten. Bei ihnen mischen sich alle eben genannten Tugenden mit Weisheit und Gnade. Es ist die reine Liebe, die Gimli auf den Pfaden der Toten hält, obwohl er auf allen vieren kriecht wie später Merry. Seine Treue lässt Sam stets an Frodos Seite bleiben, ganz egal, welche Gefahren sich ihm in den Weg stellen. Und Staunen lässt uns gefesselt an den Seiten des Buches hängen.

Zorn ist eine wichtige Facette des Muts. Gerechter Zorn ist es, was die Ents und Huorns dazu bringt, sich gegen Saruman zu erheben. Gerechter Zorn lässt Gandalf zu Faramirs Rettung eilen, sowohl auf dem Schlachtfeld als auch später bei Denethor. Gerechter Zorn lässt Glorfindel gegen die Neun Reiter antreten.

Ich erkenne das in der Geschichte, doch kann ich es auch jemals auf mein eigenes Leben übertragen? Da kann man nur hoffen ...

Kapitel 25

Freude

G. K. Chesterton schrieb: „Freude, die die kleine Werbung des Heiden war, ist das große Geheimnis der Christenheit" (*Orthodoxy*, letzte Seite).

Nachdem Pippin Denethor zum ersten Mal begegnet ist, macht er sich darüber Sorgen, dass er Gandalf verärgert haben könnte, doch als er sich das kummerfaltige Gesicht des Zauberers ganz genau anschaut, „erkannte er, daß sich unter alledem eine große Freude verbarg: eine Quelle der Heiterkeit, die gereicht hätte, ein Königreich zum Lachen zu bringen, wenn sie zu sprudeln begänne" (III, 29).

Seit er von den Toten zurückgekehrt ist, ist Gandalf – laut Merry – freundlicher und beunruhigender, leichtherziger und ernster als zuvor. Gandalf hält den größeren Teil seiner Macht verschleiert, obwohl man ab und zu einen Blick darauf erhaschen kann, wie ein Sonnenstrahl, der eine Wolkendecke durchdringt. Warum? Chesterfield geht davon aus, dass Gott es ebenso macht, und das muss daran liegen, dass in der Freude etwas Heiliges und Geheimnisvolles verborgen ist, das in einer gefallenen Welt nicht ganz erlebt werden kann.

Selbst im Krieg gibt es eine Art von Fröhlichkeit, eine Freude an der Schlacht. Nachdem Éomer beim Anblick seines gefallenen Königs und seiner Schwester geweint hat, erhebt sich in ihm ein so großer Zorn, dass er einen Vorstoß tief ins feindliche Gebiet leitet, so tief hinein, dass es scheinbar keine Hoffnung auf Rückkehr gibt. Dann werden die Schiffe mit den schwarzen Segeln gesichtet, und alle nehmen an, dass sie weitere Feinde bringen. Doch der Anblick verunsichert Éomer nicht im Geringsten. Er lacht aus Verzweiflung (III, 135) – ähnlich wie Éowyn dem Nazgûl ins Gesicht lachte – und macht sich bereit, Taten zu vollbringen, die niemand je vergessen wird.

Dann wird das Banner von Elessar auf dem vordersten Schiff gehisst und „die Fröhlichkeit der Rohirrim war ein Sturzbach von Gelächter und ein Blitzen von Schwertern und die Freude und das Staunen in der Stadt war eine Musik von Trompeten und läutenden Glocken […]. Und so trafen sich endlich Éomer und Aragorn inmitten der Schlacht, und sie stützten sich auf ihre Schwerter und sahen einander an und waren froh" (III, 135–136).

Lachen befreit das Herz und hat eine wundervolle Heilkraft. Als Aragorn sich in den Häusern der Heilung um Merry kümmert, gibt er Pippin gegenüber zu, dass die Verletzung schlimm ist, „aber diese Schäden können behoben werden, da ein so starker und heiterer Lebensgeist in ihm ist" (III, 161). Dies ist besonders erstaunlich, da Merry nur wenige Stunden zuvor verloren durch die Straßen wanderte, unfähig, der Prozession zu folgen, die Théodens Leiche und die verletzte Éowyn mit sich führte. Als Pippin ihn schließlich findet und zu den Häusern der Heilung bringen will, fragt Merry ihn: „Wirst du mich beerdigen?" (III, 149).

Diese Frage lässt mich jedes Mal wieder gerührt das Buch senken.

Pippin begegnet sogar seinem vermeintlichen Tod mit einem Lachen. Als er neben dem Troll liegt, den er getötet hat, geht ihm Folgendes durch den Kopf: „‚So endet es, wie ich es mir vorgestellt hatte‘, sagte sein Denken, als es eben davonflatterte; und es lachte ein wenig in ihm, ehe es floh, fast fröhlich anscheinend, weil es endlich allen Zweifel und Sorge und Angst abschütteln konnte" (III, 190).

Diese Heiterkeit, diese verborgene Freude ist es, was uns im Himmel erwartet.

„Der Herr der Ringe" ist weder eine lustige noch eine völlig tragische Geschichte, doch sie fließt über von Fröhlichkeit und Verlusten. „Sollen wir weinen oder froh sein?", fragt Gandalf, als Denethor, Théoden und der geflügelte Schatten dahin sind (III, 146). Die Psalmen bieten eine mögliche Antwort: „Am Abend mögen Tränen fließen – am Morgen jubeln wir vor Freude" (Psalm 30,6).

In dieser dunklen Welt ist der Morgen noch nicht ganz angebrochen. Das Böse ist stark, und wir können über unseren Verlust nicht lachen, aber Gott teilt unseren Kummer, denn unser Verlust ist auch Gottes Verlust, doch die Freude, die er schenkt, ist dennoch ewig und unbefleckt.

Kapitel 26

Dummheit

Von Anfang bis Ende ist diese Geschichte die Bestätigung einer biblischen Aussage: „Gott hat sich vielmehr in der Welt die Einfältigen und Machtlosen ausgesucht, um die Klugen und Mächtigen zu demütigen. Er hat sich die Geringen und Verachteten ausgesucht, die nichts gelten, denn er wollte die zu nichts machen, die vor den Menschen etwas ‚sind'" (1. Korinther 1,27).

Während die wahrhaft Schwachen und Einfältigen auf die letzte Schlacht am Schicksalsberg zuwanken, tun die wahrhaft Weisen und Starken ihren Teil, indem sie so schwach und einfältig zu sein wagen, wie es nur geht, um so den Feind zu überraschen. Doch das bedeutet nicht, dass sie ihre Weisheit und Stärke ganz ablegen. Der Erfolg der Unternehmung liegt darin, den Feind in dem Glauben zu wiegen, dass sie stark genug sind, ihn herauszufordern – oder dumm genug, um das zumindest anzunehmen. Dass sie mit ihrem eigenen Leben bluffen könnten, liegt außerhalb der Vorstellungskraft des Feindes.

Da, wo Hoffnung und Verzweiflung nahe beieinander liegen, müssen solche Unternehmen groß sein, alles wagen und nichts zurückhalten. Éomer, der weder sehr weise noch sehr dumm ist, gibt offen zu, dass er die Subtilität dieses Spiels nicht versteht, doch er sagt: „Aber das brauche ich auch nicht. Ich weiß, und das ist genug, daß mein Freund Aragorn mir und meinem Volk Beistand leistete, und so will ich ihm helfen, wenn er ruft" (III, 175).

Denethor hätte Éomer einen Narren genannt, weil er sich so leicht von Zauberern und Möchtergern-Königen beeinflussen lässt, doch Denethors vermeintliche Weisheit hat sich bereits als Narrheit erwiesen. Nur die Dummheit, die aus der Hoffnung erwächst, kann als weise bezeichnet werden.

Gibt es irgendeine Form von Dummheit, die Christus nicht umwandeln könnte – er, der Fischer und Bauern zu seinen Nachfolgern erklärte und auf einem Esel in Jerusalem einritt, der sich von einem seiner Erwählten verraten ließ und es für eine gute Idee hielt, an einem Kreuz zu sterben, um den Tod zu besiegen? Über all dies ist schon so viel geredet, nachgedacht, studiert und diskutiert worden, dass es einem schon manchmal gar nicht mehr seltsam vorkommt. Doch ich sage Ihnen, es war völlig und vollkommen verrückt! Es gibt keinen vernünftigen Grund dafür, außer dass es funktioniert hat! Liebe deine Feinde? Gandalf „dauern […] selbst seine (Saurons) Sklaven" (III, 94).

Obwohl er den Tod überwunden hat, bringt Jesus der Welt nicht nur reinen Frieden. Er hat eine ausgesprochen verrückte Methode ausgesucht, um die Welt zu retten, und irgendwie scheint er an dieser Masche zu hängen. Er hat die Macht, unsere Tränen abzuwischen, aber er wartet darauf, dass wir dies auch bei unserem Nächsten tun. Und eines Tages, mit Gottes Hilfe, werden wir das auch endlich schaffen!

Der Weg führt immer weiter

Sechstes Buch:
Die Rückkehr des Königs

Kapitel 27

Durchhaltevermögen

Am Ende hat Frodo alle Hoffnung verloren und muss sich zeitweise ganz auf die von Sam verlassen. Nach der langen Reise nach Bruchtal, der Tragödie von Moria, dem Weg über die Grabhügel, durch die Totensümpfe, die geschlossenen Tore und den langen Umweg zum Scheideweg, dann die Stufen, der Kampf mit Kankra, dem Gewaltmarsch mit den Orks, nach ständigem Hunger, Durst und Dunkelheit müssen sie immer noch die Ebene zum Schicksalsberg durchqueren. Und hier, nur noch wenige Meilen vor dem Ziel, stirbt selbst Sams unverwüstliche Energie.

> „Doch gerade, als Sams Hoffnung schwand oder zu schwinden schien, verwandelte sie sich in neue Kraft. Sams schlichtes Hobbitgesicht wurde streng, fast grimmig, als sein Wille erstarkte, und in all seinen Gliedern spürte er eine Spannung, als ob er sich in ein Geschöpf aus Stein und Stahl verwandelte, das weder von Verzweiflung noch von Erschöpfung oder endlosen Meilen unfruchtbaren Landes besiegt werden konnte" (III, 237).

Am Ende des nächsten Tages haben sie mehr als die Hälfte der Strecke zurückgelegt und ihre Wasservorräte sind fast aufgebraucht. Sam gibt Frodo einen Schluck und geht selbst ohne Wasser weiter. Vor Durst kann er nicht schlafen und an diesem Punkt kommt es zu seinem letzten inneren Dialog.

Sam ist das Gegenteil von Gollum und doch sind die beiden sich auch sehr ähnlich. Sie sind beide Frodo sehr hingegeben, haben denselben unzerstörbaren Geist und dieselbe Art, innere Dialoge zu führen. Natürlich haben sie unterschiedliche Antworten für ihre inneren Stimmen und das ist auch der Hauptunterschied zwischen ihnen. Sam hört seine eigene Stimme sagen: „Du bist ein Narr, daß du immer noch hoffst und dich plagst. Ihr hättet euch vor zwei Tagen hinlegen und schlafen können, wenn du nicht so hartnäckig gewesen wärst." Seine Antwort: „Ich werde hinkommen, und wenn ich alles außer meinen Knochen zurücklasse! Und ich werde Herrn Frodo hinauftragen, und wenn Rücken und Herz dabei brechen. Also hör auf zu streiten!" (III, 244).

In diesem Moment beginnt der Boden zu beben und ein Lichtschein vom Schicksalsberg erhellt einen Augenblick lang die Wolken. Mir kommt es an dieser Stelle beinahe so vor, als ob Sam und der Berg ihr Durchhaltevermögen messen. In einer Welt, in der alle Dinge am Kampf von Gut gegen Böse beteiligt sind, scheint selbst der böse Berg zu zweifeln anzufangen, ob er sich gegen den Hobbit durchsetzen kann.

Jesus sagte: „Ich versichere euch: wenn eurer Vertrauen auch nur so groß ist wie ein Senfkorn, dann könnt ihr zu diesem Berg sagen: ‚Geh von hier nach dort', und er wird es tun. Dann ist euch nichts mehr unmöglich" (Matthäus 17,20). Obwohl wenige von uns mit Sams unverwüstlicher Sturheit gesegnet sind, besteht der Schlüssel zu Erfolgen wie den seinen einfach darin, sich an das bisschen Glauben und Hoffnung zu klammern, das wir besitzen.

Als die Hobbits endlich den Fuß des Orodruin erreichen, müssen sie ihn immer noch erklimmen. An diesem Punkt beginnt Frodo zu kriechen. Er kann nicht mehr. Doch Sams Willenskraft ist ungebrochen. Er ist so sehr auf die Bedürfnisse anderer ausgerichtet, dass es scheinbar gar keiner Anstrengung bedarf, einfach zu tun, was getan werden muss. In diesem Fall nimmt er Frodo auf seinen Rücken und trägt ihn den Berg hinauf.

Disziplin muss eingeübt werden. Diese Tugend ist uns nicht angeboren; um sie zu erwerben, braucht man Entschlossenheit und Aufmerksamkeit. In den verzweifeltsten Situationen, wenn alle Hoffnung zerbricht, hat man immer noch eine Entscheidung: die zwischen hartnäckigem Durchhalten und der Hingabe an die Verzweiflung, die zum Versagen führt. Wir haben erst dann wirklich verloren, wenn wir aufhören, es zu versuchen. Doch der Verzweiflung ins Gesicht zu sehen und dennoch weiterzumachen, das ist etwas Großartiges, und viel Gutes kann daraus entstehen.

Andererseits birgt Hartnäckigkeit auch ihre Gefahren. Ihre Macht kann man am deutlichsten an Gollum sehen. In den fast 80 Jahren, seit Bilbo ihm den Ring weggenommen hat, ist es sein einziges Anliegen gewesen, wieder in dessen Besitz zu kommen. Weder Angst noch Hunger oder andere Härten konnten ihn von seiner Jagd abbringen und zum Schluss gelingt es ihm sogar wirklich. Das, auf was er all seine Gedanken und Wünsche so lange ausgerichtet hat, liegt schließlich in seiner Hand.

Und genau das ist manchmal das Problem: Alles, was wir wirklich wollen und nach dem wir uns lange und hartnäckig genug ausstrecken, wird schließlich uns gehören. Das bedeutet aber noch lange nicht, dass wir glücklich sind, wenn wir es haben!

Wenn wir kurz davor stehen, aufzugeben und zu sterben, sind Durchhaltevermögen und Fröhlichkeit die größte Waffe. Sam ist viel frohsinniger als Frodo, und er hört niemals auf, nach vorn zu sehen. Selbst ganz am Ende, am Abgrund, als der Auftrag erfüllt ist, bittet er Frodo, doch ein wenig von diesem Ort wegzugehen. Aus Liebe zu Sam stimmt Frodo zu. Und während der Schicksalsberg um sie zusammenstürzt, sagt Sam:

„‚In was für einer Geschichte sind wir gewesen,
Herr Frodo, nicht wahr? Ich wünschte, ich
könnte es hören, wenn sie erzählt wird! [...]
Und ich wüßte gern, wie sie nach unserem Teil
weitergeht.‘ Aber noch während er so sprach,
um bis ganz zuletzt die Angst fernzuhalten,
schweiften seine Augen nach Norden, nach
Norden in das Auge des Windes, dorthin, wo
der Himmel in der Ferne klar war" (III, 257).

Die Adler entdecken sie, „zwei kleine dunkle Gestalten,
verlassen, Hand in Hand auf einem kleinen Hügel, während die Welt unter ihnen bebte und keuchte und Ströme
von Feuer näher krochen" (III, 257). Sie werden bewusstlos, ehe die Adler sie retten, und so wissen sie gar nicht,
dass ihre Hoffnung und ihre Treue belohnt wurden.

Wie schon gesagt, habe ich wenig Erfahrung mit wahrem Heldenmut. Aber das Durchhaltevermögen und
ich, wir sind alte Freunde. Ich mag lange Fahrten mit
wenig Schlaf; ich habe zehn Jahre lang an einem Roman
gearbeitet, und ich liebe die Tatsache, dass „Der Herr der
Ringe" so ein ausgesprochen langes Buch ist. Um dieses
Buch hier rechtzeitig fertig zu stellen, schrieb ich manchmal zwölf Stunden am Stück und lebte dabei nur von
Wasser und Zigaretten.

Auf meine begrenzte Art und Weise kam es mir stellenweise so vor, als würde ich mit Frodo und Sam gehen.
Doch selbst darin wird mein Durchhaltevermögen natürlich von ihrem meilenweit in den Schatten gestellt. Frodo
und Sam widerstehen nicht nur allen Hindernissen, die
sich vor ihnen auftürmen, sondern auch dem Bösen. Frodo
erträgt das Gewicht des Ringes und die Versuchung, ihn
anzuziehen. Sam beweist unglaubliche Hartnäckigkeit
und Gnade, indem er Gollum selbst ganz zum Schluss
nicht töten will. Ich bin süchtig nach Zigaretten, und ich
habe nicht die Willenskraft, ihnen zu widerstehen. Daher

muss ich zugeben, dass ich nicht mehr von dieser Art Durchhaltevermögen verstehe als von Merrys Heldenmut. Meine einzige Hoffnung ist Gottes übermenschliches Durchhaltevermögen, mit dem er mich weiter verändern wird!

Kapitel 28

Feiern

Keine Stelle in der ganzen Trilogie bringt mich so ernstlich zum Weinen wie die Feier am Feld von Cormallen. Sam, den unerschütterlichen Freund und Diener Frodos zu sehen, wie er von Streicher in seiner prachtvollen Königsrobe verwirrt und geehrt wird, als dieser vor ihnen niederkniet. Und dann seine tiefe Befriedigung, als ein Sänger von Gondor vortritt und das „Lied von Frodo mit den Neun Fingern und dem Ring des Schicksals" singt! Diese Szene überwältigt mich immer wieder neu, und ich fühle mich, als stünde ich in der Menge, die die Ehrung von Frodo und Sam bezeugt:

> „Und das ganze Heer lachte und weinte, und inmitten ihrer Fröhlichkeit und Tränen erhob sich die klare Stimme des Sängers wie Silber und Gold und alle Mannen waren still. Und er sang bald in der Elbensprache, bald in der Sprache des Westens, bis ihre Herzen, von süßen Worten verwundet, überflossen und ihre Freude wie Schwerter war und sie in Gedanken in Gefilden weilten, wo Schmerz und Freude ineinander übergehen und Tränen der Wein der Glückseligkeit sind" (III, 261–262).

Feiern schließt Gesang und Tanz, Essen und Trinken mit ein, aber tief im Inneren geht es um die Erinnerung. Die alten Geschichten müssen erzählt werden und natürlich auch die neuen. Und es geht darum, den Autor dieser Geschichten zu loben und zu preisen.

Als Merry in den Häusern der Heilung um eine Pfeife bittet, fällt ihm wieder ein, dass Théoden mit ihm über Kräuterkunde diskutieren wollte, und ihm vergeht die Lust aufs Rauchen. Doch Aragorn drängt ihn: „Dann rauche und denke an ihn! Denn er war ein gütiger Mann und ein großer König und hielt seine Eide; und er erhob sich aus den Schatten zu einem letzten schönen Morgen. Obwohl dein Dienst für ihn nur kurz war, sollte er eine freudige und ehrenvolle Erinnerung bis ans Ende deiner Tage sein" (III, 161).

Als Sam und Frodo mitten in Mordor sind, noch weit vom Schicksalsberg entfernt, sieht Sam zum Himmel auf, und durch eine kleine Wolkenlücke erblickt er einen Stern.

> „Seine Schönheit griff ihm ans Herz, als er aufschaute aus dem verlassenen Land, und er schöpfte wieder Hoffnung. Denn wie ein Pfeil, klar und kalt, durchfuhr ihn der Gedanke, daß letztlich der Schatten nur eine kleine und vorübergehende Sache sei: es gab Licht und hehre Schönheit, die auf immer außerhalb seiner Reichweite waren" (III, 223).

Im besten Falle ist Feiern ein kurzer Blick in die Ewigkeit, den wir durch eine kleine Lücke in der Wolkendecke unserer Sorgen erhaschen können.

Als alles getan ist und die Hobbits ihre Herzen der Heimat zuwenden, bittet Aragorn sie, noch etwas zu warten, „denn das Ende der Taten, an denen ihr beteiligt wart, ist noch nicht gekommen. Ein Tag nähert sich, auf den ich all die Jahre meines Mannesalters gewartet habe, und wenn er kommt, möchte ich meine Freunde an meiner Seite haben" (III, 280). Wenn Freunde in der Gefahr gebraucht werden, dann ist ihre Gemeinschaft beim Feiern noch viel wichtiger! Manchmal mag es uns gelingen, gefährliche Taten auch allein zu vollbringen, doch eine einsame Feier ist kalt und unschön!

Als die Hobbits Gandalf zu dem Tag befragen, von dem Aragorn gesprochen hat, sagt Gandalf: „Viele Leute möchten im vorhinein wissen, was auf den Tisch gebracht wird; aber diejenigen, die sich abgemüht haben, um das Festmahl zu bereiten, wahren ihr Geheimnis gern; denn Staunen macht die Lobesworte lauter" (III, 280). Diese Geheimnistuerei erfüllt dieselbe Funktion wie die Augenbinden in Lothlórien und Ithilien, die eine Weile die Sicht verdecken, sodass die Schönheit von Lórien und Henneth Annún, dem Fenster des Abendrots, dann umso erstaunlicher ist.

Heute habe ich einen Stern durch die Wolkendecke erspäht, und ich habe versucht, ihn mit Sams Augen zu sehen. Doch ich konnte es nicht. Es war einfach ein Stern, einer von vielen, die ich jede Nacht sehe. Ich lebe in Chicago und sehe meist nur in sehr klaren Nächten die Sterne wirklich deutlich. Doch wenn ich meine Eltern in New Hampshire besuche, bin ich jedes Mal wieder neu vor Ehrfurcht erstarrt, wenn ich die Milliarden von Sternen erblicke, die sich von Horizont zu Horizont zeigen. Erst seit ich an einem anderen Ort lebe, ist mir die volle Pracht dieses Sternenhimmels bewusst geworden, der nicht vom Smog verschleiert ist.

Meine Blindheit hängt nicht nur damit zusammen, dass mir der Anblick allzu vertraut ist. Die Schönheit dieses einzelnen Sterns wird nicht durch meine fehlende Anerkennung gemindert, doch es heißt, dass nur die, die mit reinem Herzen und reinen Augen auf diese Welt schauen, ihre wahre Schönheit erkennen können. Unsere Reise durch das Land der Schatten dient dazu, unseren Blick zu reinigen, sodass wir danach die Schönheit und den Sinn der letzten Feier voll und ganz begreifen können. Gottes Pracht ist unendlich, unfassbar und völlig übertrieben. „Die Leiden, die ich jetzt ertragen muss, wiegen nicht schwer und gehen vorüber. Sie werden mir eine Herrlichkeit bringen, die alle Vorstellungen übersteigt und kein Ende hat" (2. Korinther 4,17).

Natürlich wissen wir, was der wunderbare Tag bringen wird, auf den Aragorn wartet: die Hochzeit mit Arwen. Wir alle warten auf das Hochzeitsfest des Lammes, dem wir als Braut zugeführt werden. Frodos Worte an Gandalf, als er Arwen Abendstern erblickt, sind eine passende Reaktion auf beide Hochzeiten: „Endlich verstehe ich, warum wir gewartet haben! Das ist das Ende. Nun wird nicht nur der Tag geliebt werden, sondern auch die Nacht wird schön und gesegnet sein, und all ihre Ängste vergehen!" (III, 283).

Kapitel 29

Gerechtigkeit

Gerechtigkeit ist die Fähigkeit, anderen das zuteil werden zu lassen, was ihnen zusteht. Wir schulden Gott Liebe, Dank und Anbetung, ebenso wie Gollum Frodo und Sam sein Leben verdankt – und mit ihm die Völker des Westens. Und ebenso ist der Truchsess von Gondor dem König Ehrerbietung schuldig. Gerechtigkeit hat aber auch mit Strafe zu tun, mit Rache und Verdammnis, doch nur die, die unschuldig sind, können solch ein Urteil aussprechen. In unserer gefallenen Welt, in der wir alle gesündigt haben (Römer 3,23), ist Gnade die einzige Alternative, die wir besitzen.

Als die Frau, die beim Ehebruch ertappt wurde, vor Jesus gebracht wird, erklärt er: „Wer ohne Sünde ist, der werfe den ersten Stein." Nach und nach löst sich die Menge der Schaulustigen auf, bis nur noch Jesus und die Frau übrig sind. Er allein hätte das Recht, sie zu verurteilen, denn jede Sünde ist eine Beleidigung Gottes, und er ist der Sohn Gottes, vollkommen und ohne Sünde. Aber dennoch sagt er zu ihr: „Ich will dich auch nicht verurteilen. Du kannst gehen; aber tu es nicht wieder!" (Johannes 8,3–12).

Niemand von uns, ob Mensch oder Hobbit, kann guten Gewissens jemanden verdammen, über dem Gott Gnade ausgesprochen hat.

Als Aragorn seine 7000 Kämpfer nach Mordor führt und manchen das Herz sinkt, hat er Mitleid mit ihnen und teilt ihnen eine andere Aufgabe zu, um sie nicht zu sehr zu beschämen. Selbst in dieser dunkelsten Stunde, in der er sie dringend braucht, zwingt er seine Leute nicht, ihm zu folgen. Die Herren der Freien möchten Freiheit für ihre Leute, während die Herren der Sklaven die Sklaverei verfolgen.

Aragorn lässt auch dann Gnade walten, als er auf seinem Thron sitzt. Er vergibt den Ostlingen, als sie sich ihm ergeben, und er macht Frieden mit Harad. Den Sklaven von Mordor gibt er das Land rund um das Núrnen-Meer. Es werden keine Reparationszahlungen für die Kriegsschäden erhoben (III, 278).

Als Letzter tritt Beregond vor den Thron, der seinen Posten verlassen und Blutvergießen verschuldet hat. Seit Jahrhunderten steht darauf die Todesstrafe. Doch Aragorn schickt ihn ins Exil, eine Strafe, die zwar alles Blut aus Beregonds Gesicht weichen lässt, die aber dennoch gerecht ist, denn der König bestellt ihn nun zum Hauptmann der Wache Faramirs, für den er alles riskiert hat.

Aragorn ist sich seines eigenen Versagens und seiner Fehler sehr wohl bewusst, sodass er auch auf dem Thron nicht die Gnade vergisst, die ihn dorthin gebracht hat. Und diese Gnade gibt er an die weiter, über die er nun herrscht.

Als Gollum Sam und Frodo angreift, nachdem sie sich den Schicksalsberg hinaufgekämpft haben, hat Sam jedes Recht, Rache zu üben. Er möchte die elende Kreatur töten, seit er Gollum zum ersten Mal gesehen hat. Auf Frodos Bitten hin hat er sich ein ums andere Mal zurückgehalten, doch nun hat Gollum seinen Herrn offen attackiert. Die Reise zum Berg hat Sam jedoch verändert, ihn gereinigt und verwandelt. Sam ist nicht mehr der weiche, dumme Hobbit, der Gollum gebeten hat, Kräuter zu sammeln und ihnen ein Lagerfeuer zu machen. Sam ist nun ein Wesen aus Stein und Stahl und Gollum ist ihm nicht länger gewachsen.

Doch statt zu kämpfen oder zu fliehen, bricht Gollum zusammen und winselt um Gnade. Sam hebt zwar sein Schwert, zögert dann aber.

„Es wäre gerecht, dieses verräterische, mörderi-
sche Geschöpf zu erschlagen, gerecht und
vielmals verdient; und außerdem die einzige
Möglichkeit, diese Gefahr auszuschalten.
Doch tief in seinem Herzen war etwas, das ihn
zurückhielt: er konnte dieses Wesen nicht
erschlagen, das da im Staub lag, verlassen,
vernichtet, durch und durch unglücklich. Er selbst
hatte [...] den Ring getragen und konnte sich
jetzt die seelischen und körperlichen Qualen des
verkümmerten Gollum einigermaßen vorstellen,
Sklave des Rings und unfähig, je im Leben
wieder Frieden oder Erlösung zu finden"
(III, 250).

Sam hat den Ring nur ganz kurz getragen, aber das ist
genug, um ihm einen Blick in Gollums gequälte Seele zu
eröffnen, und dies wiederum reicht aus, um Mitleid in ihm
zu wecken, etwas, das er noch nie für Gollum empfunden
hat.

Auch Jesus macht deutlich: „Richtet niemand, dann
wird Gott auch euch nicht richten. Verurteilt niemand,
dann wird Gott auch euch nicht verurteilen. Verzeiht,
dann wird Gott euch verzeihen. Schenkt, dann wird Gott
euch schenken; ja, er beschenkt euch so überreich, dass
ihr gar nicht alles fassen könnt. Darum gebraucht anderen
gegenüber ein reichliches Maß; Gott wird bei euch dasselbe Maß verwenden" (Lukas 6,37–38).

Sam wird reich dafür belohnt, dass er die Gnade wählt;
nicht erst am Feld von Cormallen, sondern gleich dort auf
dem Schicksalsberg. Nachdem Gollum in den Abgrund
gestürzt ist, hat Sam seinen Herrn wieder, „bleich und
erschöpft, und dennoch wieder er selber; und in seinen
Augen war jetzt Friede, weder Anspannung des Willens
noch Wahnsinn oder irgendeine Angst. Seine Bürde war
von ihm genommen. Er war der liebe Herr der köstlichen

Tage im Auenland" (III, 253). Sam fällt vor Freude auf die Knie. „Bei all der Zerstörung der Welt empfand er im Augenblick nur Freude, große Freude. Die Bürde war fort. Sein Herr war gerettet worden" (III, 253).

Gollum ist fort, doch er hat die für ihn bestimmte Rolle gespielt, wie Gandalf schon die ganze Zeit vermutet hatte. Frodo begreift, dass er den Ring ohne Gollums „Hilfe" nicht hätte vernichten können. „Die Fahrt wäre umsonst gewesen, selbst am bitteren Ende. So wollen wir ihm vergeben! Denn die Aufgabe ist erfüllt, und nun ist alles vorbei" (III, 253).

Wahre Gerechtigkeit führt zur Freiheit, und während keiner der Hobbits das bekommt, was er verdient – eine fröhliche Heimkehr in das friedvolle Land, das sie zurückgelassen hatten –, erinnert sich Frodo noch gut an die Lektion, die er auf dem Schicksalsberg gelernt hat, und weicht auch nicht von ihr ab, als er die zerstörten Überreste des Auenlandes erreicht. Und selbst als Saruman vergeblich versucht, ihn zu töten, will Frodo nicht, dass er hingerichtet wird: „Es ist sinnlos, auf Rache mit Rache zu antworten; das bringt keine Heilung" (III, 337). „Einst war er groß, von einer edlen Art, gegen die wir nicht wagen sollten, unsere Hand zu erheben. Er ist tief gesunken, und wir vermögen ihn nicht zu heilen; doch möchte ich ihn schonen in der Hoffnung, daß er doch noch Heilung findet."

Saruman antwortet: „Du bist groß geworden, Halbling. […] Du hast meine Rache der Süße beraubt, und in Bitterkeit muß ich nun von dannen gehen, ein Schuldner deiner Barmherzigkeit. Das hasse ich, und dich auch" (III, 338). Manchmal ist die Gnade, die wir den Bösen erweisen, für diese schon Strafe genug.

Frodo bietet selbst Schlangenzunge die Rettung an. Als Saruman seinem Diener den Weg verbauen will, indem er seine Missetaten aufzählt, bringt Schlangenzunge Saruman um und wird dabei selbst getötet. Der Gerechtigkeit ist hiermit Genüge getan und dennoch haben sich die

Hobbits ihre Unschuld bewahrt. Immer und immer wieder zeigt die Geschichte, dass sich die Bösen irgendwann gegenseitig umbringen, wenn man sie ihren schrecklichen Wegen überlässt.

Während die Hobbits daneben stehen, sammelt sich Nebel um Sarumans Leichnam, steigt wie Rauch vom Feuer auf und bildet eine Art Gestalt. „Einen Augenblick schwankte sie, nach Westen blickend; aber aus dem Westen kam ein kalter Wind, und sie wandte sich ab und löste sich mit einem Seufzer in Nichts auf" (III, 339). Saruman hat jede Chance zur Umkehr gehabt und vorübergehen lassen, und als sein Geist nach Westen schaut, von wo er gekommen ist, weist der Westen ihn ab.

Manche Ungerechtigkeiten können in Mittelerde nicht aufgelöst werden. Finger wachsen nicht wieder nach. Auch tote Freunde kommen nicht zurück. Der Ring hat auch auf Frodo seinen vernichtenden negativen Einfluss ausgeübt, obwohl er sich dagegen gesträubt hat. Er hat gesehen, wie seine engsten Freunde in seinen Augen zu Feinden wurden, wenn sich der Ring zwischen sie drängte. Er war in der nebligen Anderwelt der Ringgeister. Und bei seiner letzten großen Probe wollte er den Ring für sich behalten und konnte ihn nicht in den Abgrund werfen. Dafür erwartet ihn keine Strafe, weil die Aufgabe in jeder Hinsicht viel zu groß für ihn war. Doch ein Teil von Frodo ist auf der langen Reise nach Mordor zerbrochen und nichts und niemand kann ihn je wieder herstellen.

Aus diesem Grund verlässt er seine Freunde. Diese Gnade wird ihm von Arwen gewährt, über die im Haupttext nicht viel steht, außer dass sie für ihre Liebe zu Aragorn ihr Volk verlassen und ihre Unsterblichkeit geopfert hat.

Frodo versucht Sam zu erklären, warum er gehen muss. „Das lässt sich oft nicht ändern, Sam, wenn Dinge in Gefahr sind: manche müssen sie aufgeben, sie verlieren, damit andere sie behalten können" (III, 349). Und so scheidet Frodo zusammen mit Gandalf und Bilbo aus dieser Welt und findet schließlich einen Ort, an dem seine Seele geheilt werden kann. Sein Fingerstumpf, nehme ich an, wird ihm aber immer als Zeugnis seiner Taten erhalten bleiben, ebenso wie die Nagelwunden Jesu.

So verliert Sam Gamdschie seinen ältesten und besten Freund. Auch dafür gibt es später ein Heilmittel, aber es ist dennoch bitter. Sam ist in dieser Geschichte so oft hin- und hergerissen zwischen Frodo und etwas anderem, ebenso Gutem, vom Pony Lutz bis hin zum Auenland, als er in Galadriels Spiegel dessen Zerstörung sieht. Er liebt alle guten Dinge und will sie beschützen, ganz egal, was es ihn selbst auch kosten würde. Doch in jeder Situation stellt er Frodo über alles andere.

Als Frodo zur Abreise bereit ist, hat Sam wieder einmal das Gefühl, entzweigerissen zu werden. Frodo versucht ihn zu trösten: „Sei nicht zu traurig, Sam. Du kannst nicht immer entzweigerissen sein. Du wirst auf viele Jahre ganz und heil sein müssen. Es gibt noch so viel, woran du dich freuen und was du sein und tun kannst" (III, 349).

Kapitel 30

Liebe

Liebe ist das Ziel und der Beweggrund für jede andere Tugend. Sie besteht im Grunde einfach darin, eine andere Person, einen Ort oder ein Ding zu kennen, ihn oder es zu genießen und ihn oder es mehr und inniger kennen lernen zu wollen – ohne Besitzanspruch, sondern einfach mit einer Innigkeit, die selbstvergessen ist. In ihrer höchsten Form übertrifft die Nächstenliebe die Selbstliebe bei weitem und damit wird Aufopferung möglich. Das Motiv der Liebe durchzieht deshalb „Der Herr der Ringe", auch wenn es nicht so augenscheinlich ist.

Die größte und offensichtlichste Liebe ist die des Autors zu seiner Schöpfung. Tolkien hat sich sorgfältig mit jedem Charakter auseinander gesetzt, mit Groß und Klein, und ganze Bücher über alle Details ihres Lebens verfasst, selbst wenn sie die Geschichte nur am Rande berühren. Die Tatsache, dass der Autor diese Figuren durch und durch kennt, verleiht der Geschichte einen Reichtum und eine Tiefe, die man nicht durch einen cleveren Kniff ergaunern kann.

Von allen kleineren Rollen hat Arwen vielleicht die wichtigste. Ihre Aufgabe besteht darin, beim Fest in Bruchtal Hof zu halten, ein Banner für Aragorn anzufertigen und ihn am Ende der Geschichte zu heiraten. Dennoch ist sie zweieinhalb Jahrtausende älter als Aragorn, und ihre Liebesgeschichte ist tragisch, weil sie dieselbe Wahl getroffen hat wie Luthien, von der Aragorn abstammt: Sie hat aus Liebe zu einem Sterblichen ihre Unsterblichkeit aufgegeben. Auf dem gemeinsamen Grabstein von Tolkien und seiner Frau sind auch die

Namen Beren und Luthien eingraviert. Als Aragorn stirbt, kann er Arwen nicht trösten, sondern er sagt: „In Kummer müssen wir gehen, aber nicht in Verzweiflung. Schaut! Wir sind nicht für immer an die Kreise der Welt gebunden, und jenseits von ihnen ist mehr als nur Erinnerung. Lebt wohl!" (III, 359).

Tolkiens Sorgfalt beschränkt sich nicht nur auf die Elben. Selbst Lobelia Sackheim-Beutlin, die bösartige Hobbitdame, die schon immer ein Auge auf Beutelsend geworfen hat, findet Gelegenheit zur Wiederherstellung ihres Rufs, indem sie sich als eine der ganz wenigen Hobbits gegen die Eindringlinge zur Wehr setzt und sie mit ihrem Schirm angreift. Als die Hobbits die Angreifer aus dem Auenland vertrieben haben, befreien sie alle Gefangenen:

> „Dann war Lobelia da. Das arme Wesen sah sehr alt und dünn aus, als man sie aus einer dunklen und engen Zelle herausholte. Sie bestand darauf, auf ihren eigenen Füßen hinauszuhumpeln, und sie hatte einen solchen Empfang und es gab so viel Klatschen und Beifall, als sie erschien, auf Frodos Arm gestützt, aber ihren Regenschirm noch fest umklammert, daß sie ganz ergriffen war und in Tränen wegfuhr. Ihr Lebtag war sie nicht beliebt gewesen" (III, 340).

Als Lobelia im darauf folgenden Frühling stirbt, „war Frodo überrascht und sehr gerührt: alles, was von ihrem und Lothos Geld geblieben war, hatte sie ihm hinterlassen, und er sollte es dafür verwenden, den Hobbits zu helfen, die bei den Unruhen ihre Heime verloren hatten. So war dieser Familienzwist beendet" (III, 340).

Viele bedeutende Geschichten haben einen Hauptdarsteller, der christusähnliche Züge aufweist, jemand, der einen oder mehrere Aspekte des Heilands verkörpert.

In „Der Herr der Ringe" gibt es viele solcher Christus-gestalten: Tom Bombadil, der die Mauern der Hügelgräber aufbricht und die Gefangenen befreit; Gandalf, der sein Leben für seine Freunde opfert und wieder aufersteht; Aragorn, der die Pfade der Toten beschreitet und als König mit Heilkräften zurückkommt; Frodo, der die Sünde der Welt auf sich nimmt und sie ins Feuer wirft; und Sam, der Inbegriff des Dieners, der Frodo auf seinem Rücken trägt, als dieser keine Kraft mehr hat.

Tatsächlich ist es schwer zu sagen, wer nun eigentlich genau der zentrale Charakter in „Der Herr der Ringe" ist. Tolkien behandelt so viele Figuren zu unterschiedlichen Zeitpunkten so, als ob sie von zentraler Bedeutung wären, ein wenig, wie Gott auch jeden von uns so betrachtet, als würde sich die gesamte Weltgeschichte nur um uns drehen.

Die romantische Liebe ist in „Der Herr der Ringe" größtenteils so verschleiert wie Gandalfs seltsame Heiter-keit. Die Beziehung zwischen Arwen und Aragorn und auch die zwischen Sam und Rosie bleibt geheim und geheimnisvoll. Unser einziger Einblick in diesen Aspekt der Liebe geschieht in der Werbung zwischen Éowyn und Faramir. Nach Jahren unter dem Einfluss von Gríma Schlangenzunge, der sie begehrte und ihre Ohren mit Lügen füllte, verändert die Wahrheit, die Faramir aus-spricht, sie von innen heraus. Er versteht einfach nur, wer sie ist. „Da wandelte sich Éowyns Herz, oder sie verstand es endlich. Und plötzlich verging ihr Winter, und die Sonne beschien sie" (III, 274).

Liebe ist die ultimative Quelle der Heilung, und wir müssen geheilt werden, damit wir wirklich lieben können. In all ihrer Kraft, Zuneigung, Dummheit und Freiheit ist die Liebe zwischen Freunden die Wurzel, der Stamm und der Zweig, der Mittelerde mit dem Himmel verbin-det. Es heißt im Roman, dass Legolas und Gimli als letzte der Gefährten des Rings Mittelerde verlassen. Dort im

Westen sind sie wieder mit Frodo und Gandalf, Bilbo, Elrond und Galadriel und auch mit Sam vereint, der Frodo folgt, als Rosie nach 62 Ehejahren stirbt. Merry und Pippin werden mit Aragorn begraben, und so haben die Bande der Freundschaft, die auf ihrer Fahrt geknüpft wurden, sogar den Tod überdauert. Boromir, der sein Leben für seine Freunde gegeben hat, wird vom Fluss zum Meer hinausgetragen.

Das Wichtigste, was wir aus „Der Herr der Ringe" lernen können, ist die Tatsache, dass wir, die wir in der Lage sind, die Welt zu retten (und das sind wir alle), dies vor allem tun, um unsere Freunde zu retten.

Schlussfolgerung

Über die Eigenschaften und Tugenden von fiktiven Gestalten zu lesen und zu schreiben bewirkt noch lange nicht, dass diese Tugenden auch auf uns übergehen. Doch gute Bücher können uns eine Vorlage liefern, und sie können uns dabei helfen, die Welt zu verstehen, sodass wir, wenn unsere Zeit kommt und wenn die Aufgabe vor uns liegt, zu der wir berufen sind, zumindest die Entscheidungsmöglichkeiten kennen. Als Sam Frodo vor Kankra schützt und die Riesenspinne über seinem Herrn kauert, vergeudet er keine Sekunde: „Sam nahm sich nicht die Zeit, um zu überlegen, was zu tun sei, oder ob er tapfer oder treu oder zornerfüllt sei. Mit einem Schrei sprang er vor und packte das Schwert seines Herrn mit der Linken. Dann griff er an" (II, 389).

Er hatte geübt, müssen Sie wissen. Er *ist* sowohl tapfer als auch loyal. Wenn dem nicht so gewesen wäre, hätte er sich niemals getraut, Kankra anzugreifen, und er hätte hilflose Panik empfunden statt Zorn.

Natürlich kann uns Zorn allein nicht retten, wenn Terror um uns ausbricht, doch es gibt eine andere namenlose Kraft, die das Ruder übernehmen kann, wenn uns alles über den Kopf wächst. Sam hat keinen Namen für diese Macht, aber er legt seine Hand auf die Phiole von Galadriel, für ihn der einzige Halt in dieser furchtbaren Umgebung, und ruft ihren Namen. Er erinnert sich an die Musik der Elben und wie sie riefen: „Gilthoniel A Elbereth!"

Und dann wird seine Zunge gelockert und seine Stimme ruft in einer Sprache, die er nie gelernt hat (II, 391), eine Lobeshymne und ein Schutzgebet. Alles, was wir tun müssen, ist, uns zu bemühen, diese Tugenden zu erwerben, sodass sie sich in uns wohl fühlen können. Wenn unsere Kraft dahin ist, wird der Autor aller Weisheit uns etwas von seiner Stärke verleihen.

Die größte Begabung in „Der Herr der Ringe" ist die des Geschichtenerzählens. Sam besaß nicht mehr Vorbereitung für seine Kämpfe und Prüfungen als ein paar Geschichten: „Von allen Sagen, die er in seiner Kindheit gehört hatte, waren es immer die Bruchstücke von Märchen und nur halb erinnerten Berichten über die Elben, soweit die Hobbits sie kannten, die ihn am tiefsten bewegt hatten" (I, 65). Ein Gärtner, der von Geschichten bewegt wurde, lebte eine Geschichte, die einen Berg bewegte!

Das Einzige, das ich an „Der Herr der Ringe" auszusetzen habe (und Tolkien stimmte dem zu!), ist, dass das Buch zu kurz ist. Als das Schiff mit Gandalf, Bilbo und Frodo in den Westen aufbricht, teile ich Sams Verlustgefühle, weil die Geschichte nun zu Ende geht. Ein wenig tröstet mich die Gegenwart von Merry und Pippin, als wir langsam in die verkleinerte Realität zurückgehen, die wir unser Zuhause nennen.

Ich frage mich, ob Tolkien von seinem eigenen Wunsch sprach, als er über Merrys Schwert schrieb:

> „So endete das Schwert von den Hügelgräberhöhen, das Werk von Westernis. Aber froh wäre er gewesen, sein Schicksal zu kennen, er, der es vor langer Zeit in dem Nördlichen Königreich geschmiedet hatte, als die Dúnedain jung waren und ihr Hauptfeind das Schreckensreich Angmar war und dessen Hexenmeister-König" (III, 131).

Die Feinde, denen wir heute gegenüberstehen, sind in vieler Hinsicht dieselben, die der Welt schon immer zugesetzt haben. Und die Dinge, die wir heute vollbringen, überdauern vielleicht lange unsere Lebenszeit und spielen noch eine Rolle in dem großen Drama, das schließlich die endgültige Zerstörung des Feindes bringen wird. Als Gandalf nach Mittelerde kam, gab ihm Círdan Narya den Roten Ring des Feuers, um „in den Herzen wieder zur alten Kühnheit [zu] entflammen, in einer Welt, die kalt wird" („Silmarillion", 334). Dieses Geschenk hat Tolkien an uns weitergegeben.

Unsere Namen stehen im Buch des Lebens. Es geht dabei nicht nur um eine Liste von Namen oder eine Aufzählung von Guten und Bösen, sondern eine Geschichte, die wir eines Tages ganz zu lesen im Stande sein werden. Es wird ein erstes Mal geben, um sie zu lesen, eine Zeit, in der das Ende unklar ist, so wie heute. Doch eines Tages werden wir sie ganz verstehen können, nicht nur unseren Teil, sondern die gesamte Spanne von allem und jedem, und vielleicht werden wir auf den Seiten dieses Buches auch Sam und Frodo und ihre Freunde entdecken. Wir werden eine Ewigkeit Zeit haben, um es immer wieder zu lesen, und wir werden seiner niemals müde werden.

Bibliografie

Carpenter, Humphrey: *J. R. R. Tolkien: A Biography*, Boston: Houghton Mifflin, 1977.

Chesterton, G. K. : *Orthodoxy*, 1908. Reprint: Colorado Springs: Harold Shaw/Waterbrook, 1994.

Lewis, C. S.: „Dienstanweisung an einen Unterteufel", Herder: Freiburg, 1975.

Pieper, Josef: *The Four Cardinal Virtues*, Notre Dame: Ind.: University of Notre Dame Press, 1966.

Tolkien, J. R. R.: „Das Silmarillion", Stuttgart: Klett-Cotta, 1978.

Tolkien, J. R. R.: „Der Herr der Ringe", 3-bändige Gesamtausgabe, Stuttgart: Klett-Cotta 1994. Bei den Literaturangaben in diesem Buch bezeichnet die erste Angabe den Band und die zweite die jeweilige Seitenzahl.

Tolkien, J. R. R.: „Der kleine Hobbit", München: dtv, 2001.

INSPIRATIONEN FÜR EIN RADIKALES CHRISTSEIN

dc Talk und
Die Stimme der Märtyrer:

JESUS FREAKS

Berichte von Menschen,
die bereit waren, für ihren
Glauben bis zum Äußersten
zu gehen.
Mit einem Vorwort
von Mirko Sander!

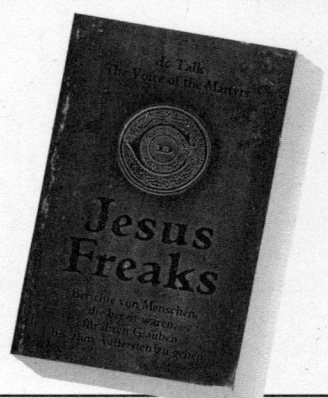

„Denkt an die Gefangenen, als ob ihr selbst mit ihnen im Gefängnis wärt! Denkt an die Misshandelten, als ob ihr die Misshandlungen am eigenen Leib spüren würdet!"
(Hebräer 13,3)

Es gibt heutzutage mehr Märtyrer als zu Zeiten der Christenverfolgung im Römischen Reich. Allein im Jahr 2000 wurden weltweit über 160.000 Christen wegen ihres Glaubens gefoltert und ermordet und 2001 werden es vermutlich noch mehr sein. Viele von ihnen sind Jugendliche oder sogar noch Kinder.

In diesem Buch sind die Geschichten von einigen dieser mutigen Christen niedergeschrieben, denen ihr Glaube an Jesus Christus wichtiger war als ihre Bequemlichkeit, ihre Sicherheit und sogar ihr Leben. Für uns ist es schwer vorstellbar, dass Christen auch heutzutage tatsächlich für ihren Glauben leiden oder gar sterben müssen. Umso wichtiger ist es, dass wir ihre Geschichten hören, damit sie nicht in Vergessenheit geraten und damit wir von ihnen zu einem radikalen Christsein inspiriert werden. Denn eigentlich sind sie die wahren „Jesus Freaks" – und wir können von ihnen lernen, worauf es im Leben wirklich ankommt!

Taschenbuch, 320 Seiten, Bestell-Nr. 815 717